KB038350

in seoul이 아니라 in soul

지방 엄마의 유쾌한 교육 혁명

글 김항심

지방 엄마의 유쾌한 교육 혁명

초판 1쇄 발행일 2015년 12월 10일
초판 2쇄 발행일 2016년 5월 3일

글   김항심

펴낸이 김완중
펴낸곳 내일을여는책
편집총괄 이헌건
디자인 구정남
관리실장 장수댁

인쇄   예림인쇄
제책   바다제책

출판등록 1993년 01월 06일(등록번호 제475-9301)
주소   전라북도 장수군 장수읍 송학로 93-9(19호)
전화   063) 353-2289
팩스   063) 353-2290
전자우편 wan-doll@hanmail.net
블로그 blog.naver.com/dddoll

ISBN 978-89-7746-053-9 03330

in seoul이 아니라 in soul

지방 엄마의 유쾌한 교육 혁명

글 김항심

내일을여는책

부모의 양육태도에 따라
결정되는 아이의 삶

가족 상담을 통한 임상사례나 연구원에서 가족 세션을 쓸 때 나타나는 공통점은 가족 모두가 사랑받고 사랑하고 싶어 한다는 것입니다. 그런데 왜 가족 간의 소통은 그다지도 어렵고, 서로 사랑을 주고받지 못한다고 느끼는 것일까요? 그 이유의 80퍼센트는 부모의 양육태도에서 기인합니다.

심리학을 공부하기 전 오랫동안 이 좁은 나라의 명망 높은 인사들을 취재했을 때도, 그들의 명성에 반해 행복을 부르는 소통지수가 결코 높지 않다는 것을 발견할 수 있었습니다.

알프레드 아들러는 '아이의 자립을 도와주는 조력자의 모습이 최상의 부모 역할'이라고 말했습니다. 일찍이 이 사실을 직시한 저자는 이 책에서 성취와 행복이 어떻게 다른지를 이렇게 쓰고 있습니다.

> 아이가 자기 삶의 주인으로 바로 서고, 영혼의 성장을 추구하며, 일상의 삶에 감탄할 수 있게 지지해주는 교육을 나는 'in soul(인소울)' 교육으로 명명하고자 한다. 성적과 성취를 위한 맹목적인 교육, 타율적인 교육이 아니라 아이 스스로가 자신의 삶을 끌고 가는 자기 주도적인 교육이자 영혼을 풍성하게 살리는 교육이 바로 'in soul' 교육이다.

자녀의 성장과정에서 부모는 감성을 발달시키고 교육자는 인지를 발달시키는 역할을 해야 합니다. 《지방 엄마의 유쾌한 교육혁명》에는 교육자이자 부모로서 저자가 어떻게 아이로 하여금 스스로 살아갈 수 있는 저력을 갖출 수 있게 하는지 잘 담겨 있습니다.

일반적으로 '혁명'은 유쾌하게 이루어질 수 없습니다. 그럼에도 그 과정이 유쾌했다면, 아이의 걸음걸음마다 얼마나 많은 연구를 했을지 짐작이 갑니다.

앞서 말한 대로 '소통'이 되면서 아이의 창의성이 발현되도록 도와주려면 허용의 폭이 크면서도 안 되는 것은 제대로 가르쳐주는 태도가 결합돼야 합니다. 이 책에는 저자가 어떻게 허용과 민주적 양육태도를 결합하여 아이를 훈육했는지 그 과정이 잘 드러나 있습니다.

열악한 공교육 시스템 속에서 학교 밖 청소년이 28만을 헤아리는 시대입니다. 핵가족이 보편화된 오늘날에는 자녀의 욕구에 민감하게 반응하며 끌려가는 부모가 되기 쉽습니다. 하지만 이 책에서는 유쾌한 성장의 길을 걸어온 저자가 아이들보다 반보쯤 앞서가며 현명한 조언을 하는 당당한 부모의 모습을 볼 수 있습니다.

청소년기 자녀를 둔 학부모에게 일독을 권합니다.

가족상담사, 함께성장연구원장, 《유쾌한 가족 레시피》의 저자

정 예 서

내가 사는 지역을 중심으로 보면 대치동도 지방일 뿐이다

나는 지방에서 두 딸아이를 키우는 엄마이자 사람의 '성장'에 대해 강의하는 강사다. 몸은 지방에 있지만, 전국구를 지향한다. 엄마와 강사로서의 삶을 모두 중요하게 생각하며, 내 삶의 대부분을 여기에 쏟고 있다.

나는, 나름대로 극성엄마다. 아이들이 어렸을 때부터 남다르게 키우고 싶었다. 내가 세운 '남다른 아이'의 기준은 자기 삶을 스스로 살아갈 수 있는 아이다. 공부는 조금 못하더라도 스스로 할 수 있는 저력을 가진 아이가 되었으면 했고, 어른의 권위와 사회의 기준에 고분고분 따르기보다는 자기 목소리를 당당하게 내는 아이로 자랐으면 좋겠다 싶었다. 이것이 내가 아이들에게 품은 욕심이었다.

이 기준으로 본다면 아이들은 잘 자랐다. 두 아이 모두 사교육의 도움을 거의 받지 않고도 학교 공부를 성실하게, 제법 잘 해내고 있다. 어리지만 자기 일은 스스로 결정하고 책임지는 자세가 몸에 배어 있다.

자랑 같지만 아이들 학교에 갈 때마다, 아이를 어떻게 키웠냐는 질문을 받곤 한다. 학원이나 과외를 거의 하지 않으면서도 공부를 스스로 잘하는 비법을 묻는 말이기도 했고, 아이를 반듯하고 예의바르게 키운 비결을 묻는 말이기도 했다.

"아이들에게 사랑을 많이 표현하면서 키웠어요"라고 대답하면, 듣는 사람들은 "원 싱겁긴" 하는 반응을 보이곤 했다. 하지만, 사실이다.

아이들이 잘 성장하려면 튼튼한 자존감을 가져야 하는데, 자존감을 키워주는 가장 좋은 방법이 부모의 조건 없는 사랑이다. 넘치게 사랑받는 아이들은 스스로 자라는 힘을 키운다. 충분히 사랑받는 아이들은 어디서든 빛난다. 심지어 공부도 잘한다.

청소년 자살률 1위, 왕따, 원조교제, 학교폭력 등 심각한 문제들의 기저에는 사랑의 결핍이 놓여있다. 부모들은 늘 자식을 사랑한다고 하지만, 정작 사랑하는 방법을 모른다. 아무도 사랑하는 방법을 구체적으로 알려주지 않는다. 공부 방법을 알려주는 친절한 교육서는 널렸지만, 공부로 성공하는 아이보다 공부로 상처받는 아이가 훨씬 많은 현실 앞에서 부모는 절망한다.

사교육을 비롯한 온갖 물질적 환경을 아이의 미래를 위해 준비해주려고 애를 쓰고 있지만 아이들은 행복하지 않다. 오히려 아프다. 아이들이 받고 싶은 사랑, 아이들이 느끼고 싶어 하는 행복은 아무도 말하지 않고 주지 않기 때문이다.

지금 필요한 것은 아이들을 치열하게 사랑하는 방법이다.

강사로서 교육 현장에 나가 "아이를 사랑하는 것이 가장 중요하다"고 말하면, "사랑하는 방법을 잘 모르겠다"고 하는 사람들이 많았다. 사랑은 하지만 표현이 어렵다는 하소연이다. 그럴 때, 아이에게 사랑을 표현할 수 있는 방법들을 구체적으로 알려주면 눈들이 반짝였다.

　책을 쓰면서, 내게 그럴 만한 자격이 있는지 수시로 물었다. 아이들이 눈부신 성취를 보이는 것도 아니고, 특별한 교육 전문가도 아니어서 위축되기도 했다. 그럴 때마다 "100명의 부모가 있다면, 100개의 교육론이 나와야 한다"는 야누쉬 코르착의 말을 떠올리며 용기를 냈다.

　자식을 명문대에 보낸 엄마가 쓰는 책이 있다면, 사랑을 이야기하는 책도 있어야 한다. 교육의 이론을 이야기하는 책이 있다면, 삶에서 부딪히면서 깨달은 바를 말하는 책도 있어야 한다. 하지만 서점에는 아이를 1등으로 만들어준다는 이론과 비법이 담긴 책들만 즐비하다.

　그래서 용기를 냈다. 경쟁에서 이기고 명문대를 보내는 것만이 전부가 아니며, 정말 중요한 것은 다른 곳에 있을지도 모른다는 이야기를 할 수 있는 사람이 많아져야 한다. 모두들 같은 방향으로만 나아갈 때 무리에서 벗어나 다른 방향을 찾는 사람이 있어야 다른 길이 생긴다.

　책 제목에 '지방 엄마'라는 단어를 쓴 것은 내가 지방에 살아서이기도 하지만 중심의 시각에서는 볼 수 없는 다른 이야기를 할 수 있는 자리가 '지방'이기도 하다는 것을 강조하고 싶어서다. 단순한 지역의 구분이 아니라,

1등이나 성공적인 삶을 지향하는 교육이 아닌 사랑과 연결을 중심에 두는 교육을 말하고 싶어서 '지방 엄마'라는 단어를 제목으로 넣었다.

우리나라 교육 담론은 왜 대치동이나 목동에 있는 엄마들이 주도하는 가에 대한 질문도 전략적으로 제기하고 싶었다. 내가 사는 지역을 중심으로 보면 대치동이나 목동도 하나의 지방일 뿐이다. 지방 엄마들의 다양한 교육 이야기가 더 많이 나오기를 바란다.

워낙 활발한 성격을 가진 사람이라 모든 문제를 유쾌하게 다루는 것을 좋아한다. 신자유주의라는 체제가 우리를 경쟁의 화신으로 만들고 사는 일이 갈수록 팍팍해지고 있지만, 유쾌하게 이겨내고 싶은 마음이 크다. 아이를 키우는 일이 전쟁만큼이나 치열한 요즈음이지만, 사랑을 진심으로 전하면 아이는 스스로 잘 자란다는 이야기를 유쾌하게 전하고 싶었다. 경쟁에서 이기기 위해 노력하는 대신 사랑으로 연결되는 삶을 선택하는 것 역시 훌륭한 전략임을 말하고 싶었다.

혁명이라는 단어가 너무 거창하지 않나 싶은 마음이 없지는 않지만 교육의 방식을 다르게 모색하는 시도 자체가 혁명 아니겠나 싶어 중요한 키워드로 삼았다.

'지방 엄마의 유쾌한 교육 혁명'이라는 제목은 이렇게 나왔다.

1부에서는 내가 엄마로서 성찰하고 성장해왔던 지난 시간들을 이야기했다. 나 또한 불안에 시달리고 고민 많았던 한 사람의 엄마로서 아이를 키우는 데 어떤 과정을 거쳤는지, 어떤 마음으로 아이와 함께 성장해 왔는지를 드러냈다. 즉 아이를 남다르게 키우는 나만의 방식을 '사랑'이라는 키워드로 풀었다. 더불어 우리 집 아이들에 대한 이야기도 담백하게 담았다. 남다르게 뛰어나지도 않은데 남다르다는 표현을 써도 될 것인가 고민했지만, 우리 아이들만의 개성으로서의 '남다름'에 대해 말하고 싶었다.

경쟁에 시달리면서 불안에 잠식되어 있는 아이와 부모가 함께 성장해가기 위해서는 사랑으로 연결되는 것이 중요하다. 아이를 키우는 일은 곧 부모가 성장해가는 과정이기도 하다. 부모와 아이의 관계는 함께 성장해가는 동반자일 때 가장 아름답다. 부모가 성장의 과정을 즐기면서 아이가 스스로 살 수 있도록 충분하게 사랑하는 일, 삶의 주인으로 아이를 존중하는 일, 아이를 믿고 기다려주는 것이야말로 아이를 제대로 키우는 길이다. 아이를 잘 키웠다는 기준은 사회적인 성공이 아니라 스스로 살아가는 힘과 사랑을 실천할 수 있는 따뜻한 품성을 가졌느냐 아니냐가 되어야 한다.

2부와 3부에서는 관념이 아닌 실천으로서 사랑을 어떻게 표현해야 하는지, 구체적인 방법을 다루었다. 그것은 곧 내가 아이들을 키우면서 일상적으로 실천했던 사랑의 기술들이다.

우리는 미래의 성공적인 삶을 위해 지금 누릴 수 있는 행복을 미루고 있다. 가정은 직장과 학교, 학원을 오갈 때 잠깐 거치는 정거장 같은 곳이 되어버렸다. 바빠서 얼굴 한 번 맞대고 따뜻한 이야기라도 나눌 수 있는 시간을 가지지 못한 채 매일을 보내고 있다. 이렇게 사랑을 나눌 시간을 유예하다 보면 아이들은 어느덧 자라 부모의 곁을 떠난다. 아이들이 부모의 품 안에 있을 때, 부지런히 사랑할 수 있어야 한다.

아이가 사회에 나가서도 주눅 들지 않고 당당하게 잘 살아갈 수 있는 삶의 자양분은 부모의 사랑으로만 채워줄 수 있다. 바쁜 삶 속에서도 마음만 내어준다면 충분히 실천할 수 있는 사랑의 기술을 이 상에 담았다.

대학입시 전략을 고민하는 것보다 아이를 사랑하는 방법을 알고 실천하는 일이 더 절실함을 알았으면 한다. 사랑의 눈빛으로 보아주고, 자주 안아주는 일은 바쁜 일상 안에서도 얼마든지 할 수 있다. 쉬운 실천이지만 아이에게는 엄청난 힘을 줄 수 있다. 책 속에 있는 사랑의 기술을 하루한 가지씩만 실천해도 아이의 자존감에 환한 불을 켤 수 있다.

보다 긴 호흡을 가지고 삶의 근력을 키워주는 일도 부모가 아이에게 줄 수 있는 큰 사랑이다. 이 역시 실천 지침으로 정리해두었다. 조금씩 실천해 나가다 보면 아이가 삶의 주인공으로 서 있는 아름다운 모습을 볼 수 있게 되리라 믿는다. 아이가 어릴수록 도움을 더 많이 받을 수 있겠지만 사춘기 아이와의 갈등 때문에 힘겨워하는 부모들도 꼭 실천했으면 하는 마음이 크다. 아이에게 사랑을 주는 일에 늦은 때란 없다. 아이가 크든 어리든 부모와 아이가 사랑으로 연결되었으면 한다.

4부에는 강사로서의 목소리를 조금 강하게 담았다. 획일화된 교육환경 안에서 부모가 어떤 교육적인 가치관을 가져야 할 것인지를 다뤘다. 사회가 조장하는 불안에 잠식당하지 않고 용기 내어 살아 갈 수 있는 힘은 지금, 여기에서 사랑하고 사는 것에서 나온다. 부모와 아이 모두가 성장을 향한 삶을 살고, 자신만의 삶의 기준을 새롭게 만들기 바라는 마음을 담았다. 좋은 대학을 가고 안정된 직장을 얻는 것, 돈을 많이 버는 일보다 삶의 주인공으로 우뚝 서서 자기를 사랑하고, 다른 사람들과 다정한 관계를 맺는 것이 더 가치로운 일이 되어야 한다.

신자유주의 사회에서 우리가 선택할 수 있는 유쾌한 전략이 사랑을 주고받는 일일 수도 있다. 이것은 우리의 의지로 선택할 수 있는 일이다. 불합리한 사회구조를 바꾸고 불평등한 현실을 변화시켜나갈 실천을 할 수 있는 용기도 필요하지만, 더 좋은 사회는 사랑하며 사는 사람이 많아지는 것으로 만들 수 있다고 믿는다.

지금 각자 선 자리에서 모두가 유쾌한 사랑으로 연결되기를 바라는 마음으로 4부를 채웠다.

걱정되는 것은 책으로 인해 내가 마냥 좋은 엄마로 포장되면 어쩌나 하는 거다. 좋은 엄마가 되고 싶은 마음은 아주 크지만, 채 이루지 못했음을 고백한다. 아이들과 먹을 것을 두고 유치하게 싸우기도 하고 잘 삐치기도 하는 엄마다. 불안한 마음이 수시로 올라와 화를 낼 때도 있다. 폼 나는 이야기를 해줄 때도 있지만 드라마 앞에서 함께 넋 놓고 있는 보통 엄마이기도 하다.

중요한 것은 내가 이 사실들을 아주 잘 알고 있다는 것이다. 그럼에도 나는 엄마로서 성장해 나가려는 욕심을 실천하고 있기에 부끄러움을 감추고 조금 당당해지려고 한다.

아이들에게 성장해 나가는 엄마의 모습을 날마다 보여주겠다는 약속을 하면서 책의 말머리를 열어둔다. 부디 모든 부모들에게 따뜻한 격려가 되기를 바란다.

삶의 가장 결정적인 조각의 하나인 사랑을 전하며

김 항 심

Contents

1부
지방 엄마, 사랑으로 남다르게 키우다

2부
아이를 빛나게 하는 사랑의 실천 비법들

Contents

3부
삶의 주인으로 세워주는
사랑의 실천 비법들

4부
부모가 실천해야 하는 유쾌한 교육 혁명

제1부 사랑이 답이다

지방 엄마의 유쾌한 교육 혁명
'in seoul'이 아니라 'in soul'을 위한 교육
사랑으로 연결되는 삶을 선택하다
유년의 기억, 나도 사랑받는 존재였다
부모는 아이를 믿어주는 단 한 사람
엄마 노릇 17년, 아이와 함께 성장하다
스스로 결정하는 아이들
스스로 공부하는 아이들
리더십 있는 아이들
학교생활이 늘 1순위인 아이들
책읽기를 좋아하는 아이들
딸이어서 더 당당한 아이들
사랑을 나눌 줄 아는 아이들

제1부

지방 엄마, 사랑으로 남다르게 키우다

애지욕기생(愛之欲其生).
누군가를 사랑한다는 것은 그 사람이 살아갈 수 있도록
해주는 것이다.

_《논어》 12권, 10장

지방 엄마의 유쾌한
교육 혁명

'지잡대'라는 말을 처음 들었을 때의 충격이 아직도 생생하다. '지방의 잡스러운 대학'이라는 뜻의 요즘 아이들 말이다. 어느 지방 대학의 교수가 학생들을 향해 '지잡대 놈들'이라고 모욕했다는 신문기사까지 보게 되니 그저 아이들의 말만은 아닌 것 같다.

지방에 살고 있는, 아이를 키우는 부모의 한 사람으로서 '지잡대'라는 말은 굉장히 모욕적이다. 어쩌면 우리 아이들도 지방의 대학교를 선택해서 다니게 될지 모를 상황에서, 우리 아이들의 삶이 '지방의 잡스러운 대학' 출신이라는 잣대로 폄하당할 수도 있다니, 마음까지 아프다.

솔직하게 써야겠다. 아이가 어릴 때는, 나도 서울대 말고는 대학이 없는 줄 알고 살았다. 서울대 정도는 당연하게 들어갈 수 있다고 의심하지 않았고, 당연히 그래야 한다고 생각했다.

　남들처럼 학원 보내고 조기교육 시키는 방법을 선택하지 않은 것은 아이 공부에 대한 욕심이 없어서가 아니었다. 학원 도움 받지 않고도 책 많이 읽고 스스로 매일 공부하는 것만으로도 일류대학교를 보낼 수 있다는 자신감이 있었다. 큰아이는 유치원 다닐 때부터 지금까지 집에서 늘 책을 읽고 공부하는 시간을 보내왔다. 다른 아이들이 학원 다니며 공부할 때 우리 아이는 수학공부, 영어공부를 매일 혼자서 했다. 아이가 혼자 공부한 역사만 책으로 묶어도 한 권은 될 정도다.

　집에서 여유롭게 텔레비전 보고 스마트폰 들여다보고 빈둥거리는 일 거의 없이 어린 시절을 보냈고 지금도 그러고 있다. 책은 또 얼마나 많이 읽었는지 모른다. 어지간한 어린이용, 청소년용 책은 우리 집 서재에 다 꽂혀 있다고 해도 과언이 아니다. 모범생 기질이 있어서 그런지, 아이는 잘 따라왔다. 공부할 시간을 안 지켜 화를 낼 때도 많았지만 아이와의 관계가 워낙 좋았기에 큰 갈등은 없었다. 초등학교 다닐 때의 모든 아이들이 그렇듯 내 아이도 조금은 영특했고, 그 영특함은 부모의 욕심을 더 키우는 동기가 되었다. 이렇게만 하면 명문대 입학 정도는 당연한 보답이라고 생각한 때도 있었다.

　그러나 아이가 중학교에 입학하면서부터 세상이 달라졌다. 소문도 흉흉하기 그지없었다. 지방 부모 기 죽이기에 충분했다. 입시제도는 점점 복잡해지고, 수시제도가 늘어남에 따라 학생부 관리하기가 전쟁 치르는 것보다 힘들다. 이제는 알아줄 만한 '특목고'를 다니지 않는 이상 지방에서

서울에 있는 대학에 입학하는 것은 하늘의 별 따기라고까지 한다. 즉, 지방의 일반 고등학교를 다니고 있는 우리 아이는 전교 1등을 하지 않는 이상, 아니 전교 1등을 하더라도 인서울 대학에 입성하는 것은 어렵다는 말이다.

내가 아이의 명문대 진학에 대한 집착에서 벗어날 수 있었던 것은 큰아이의 사춘기가 극에 달했던 중학교 때였다. 사실은 부모로서의 성찰을 통한 자각이라기보다는 '무기력증'으로 나타난 아이의 사춘기에 항복한 결과라는 게 더 맞는 말이다.

두 자릿수 성적표에 무너지는 가슴

중학교 첫 성적표가 나오면 뒷목 잡고 쓰러지는 엄마들이 많다는 말을 진작부터 들었어도, 내 아이는 다를 줄 알았다. 초등학교 때 워낙 눈부신 성과를 보여준 아이였기에, 입학 선서는 당연히 우리 아이가 하는 것으로 알았다. 얼른 등수가 찍혀 나오는 성적표를 자랑스럽게 확인할 날만 기다렸다. 자랑스러운 숫자 1이 찍힌 성적표는 안 먹어도 배가 부르게 만드는 묘약임을 나는 알고 있었던 것이다.

기대가 어긋난 것은 배치고사 성적표가 나온 순간부터였다. 상상도 하지 않았던 두 자리 숫자였다.

'공부 잘하는 아이들이 많이 모이는 사립여중이어서 그런 걸 거야. 중학교에서 치른 첫 시험이잖아. 따로 공부를 하지 않았으니 이 정도면 괜찮은 성적이야.'

이런 자기 위안으로 가볍게 넘기려고 애썼다. 그러나 다음 시험에서도 드라마틱한 반전은 일어나지 않았다. 첫 중간고사 성적은 많이 올랐지만 기대한 만큼은 아니었고, 그 뒤 시험부터는 오히려 조금씩 하락하는 등수가 찍힌 성적표를 봐야만 했다. 아이에 대한 실망은 컸다. 그 성적으로는 명문대 들어가기가 힘들 수도 있다는 현실에 불안함은 더 커졌다.

불안감이 커질수록 아이 공부를 더 닦달했고, 아이는 딱 그만큼 나를 더 속상하게 했다. 책상에 앉으면 졸기 일쑤였고, 마지못해 공부하는 자세가 눈에 거슬렸다. 그랬던 아이가 아니었기에 배신감은 더 컸다. 하루 걸러 큰 소리가 났고, 좋았던 우리 사이가 왜 이렇게 됐을까 하는 아픈 시간이 이어졌다.

그러다 중학교 1학년 기말고사를 며칠 앞둔 어느 날이었다. 밤을 새워 공부한대도 성이 차지 않을 때인데, 아이는 책상에 앉아 잠깐 공부에 집중하는가 싶더니 여지없이 졸기 시작했다.

처음에는 좋은 말로 깨웠다. 잠을 깨는가 싶더니 이내 다시 졸기 시작하기에 등짝을 한 대 때렸다. 아이의 짜증 섞인 말이 날아왔고, 내 손은 매운 맛을 더해 아이 등짝을 다시 때렸다. 아이는 울고, 나는 화를 내고, 남편은 속상해서 지켜보는 달갑지 않은 장면이 연출되었다. 아이는 이내 진정하고 책상에 앉았지만 졸음을 이겨내기는 쉽지 않았다. 급기야 아이는 비몽사몽 상태로 침대로 가서 누워버렸다.

오기가 생겼다. 시험이 며칠 남았다고 저렇게 태연하게 잘 수 있을까. 버릇을 단단히 고쳐줘야겠다 싶었다. 아이를 깨워 일으켜 세웠다. 아이는 다시 눕고 나는 또 다시 일으켜 세우는 실랑이를 벌이는데 아이는 급기야 베개를 안더니, 책상으로 향하는 것이 아니라 현관문을 열고 나가버렸다. 황당했다. 밤 늦은 시각이라, 걱정되는 마음에 부랴부랴 뒤를 따라 밖에 나가봤더니 아이는 베개를 안은 채 아파트 놀이터를 몽유병 환자처럼 천천히 돌고 있었다.

아이가 도대체 왜 저런가 하는 절망감에 힘이 빠져버렸다. 아이 뒤를 천천히 따라 걷는데, 또 다른 내가, 나를 한심하게 쳐다보고 있는 게 느껴졌다. 시험이 뭐라고, '엄마'인 너는 무엇을 하고 있는 거니? 왜 그렇게 불안해하며, 집착을 놓지 못하는 거니?

잘못은 아이가 아니라 엄마인 내가 하고 있구나, 하는 아픈 자각이 들었다. 아이를 데리고 들어와 재운 뒤, 나는 밤새 잠을 이루지 못했다. 조금만 더 열심히 하면 잘할 수 있을 텐데, 제대로 공부하지 않는 아이에 대한 안타까움, 그동안 내가 들여온 정성이 보상을 받지 못했다는 분노, 결국 공부는 부모의 뜻대로 시킬 수 있는 것이 아니라는 때늦은 인정이 뒤섞여 마음이 복잡해졌다. 몇 달은 자책하며 혼란스럽게 보냈던 것 같다.

무엇을 하든 잘할 수 있다는 아빠의 믿음

'나는 지금 부모로서 잘하고 있는가? 아이는 정말 행복할까?' 하는 질문들을 나 자신에게 던져보았다. 불안한 이유가 구체적으로 무엇인지 직시해보았다. 결국은 '좋은 대학에 들어가지 못하면 실패한 인생을 사는 것이 아닐까?' 하는 게 불안의 구체적인 실체였다. 인정하기 싫었지만 사실이었다. '좋은 대학이 정말 성공한 삶을 보장해주는가?' 답을 찾아야 했다. 불안감에 잠식된 채로 아이를 아프게 해서는 안 된다는 절실함이 커졌다.

먼저 엄마인 나의 삶을 들여다보기 시작했다. 나는 하고 싶은 일을 직업으로 선택해서 살고 있으며, 여전히 이루고 싶은 꿈이 많은, 가슴 뛰는 삶을 살고 있다. 누구보다 당당한 삶을 살고 있노라고 자신있게 말할 수 있을 만큼, 내 삶의 주인으로 살고 있다. 남편과는 서로 성장을 지지해주는 좋은 관계이다. 분명 자신있게 '나는 행복하다' 하고 말할 수 있지만, 그 바탕이 바로 '좋은 대학'은 아니었다.

나는 지방대학교 출신이다. 대학순위표의 거의 밑바닥에 있는 대학과 학과를 졸업했다. 적성과는 상관없이 성적을 맞춰 간 곳이어서 애착도 없었다. 진짜 공부는 대학원 때부터 했고, 대학에서는 정말 놀기만 했다. 하지만 나는 자존감에 상처를 받은 적이 없다. 무엇을 하든 잘할 수 있을 거라는 근거없는 자신감이 가득했고, 지방대학교 출신이라고 주눅 든 적도 한 번도 없었다. 좋은 대학 나온 친구들이 부럽다는 생각을 해본 적도 없고, 심지어 그 친구들보다 더 잘살고 있다고 여기기까지 한다.

예나 지금이나 여전한 학벌 사회인데, 나는 어떻게 학벌로부터 자유로울 수 있었을까? 돌아보니 그곳에는 나를 한결같이 믿고 지지해준 아버지가 계셨고, 삶에 찌들어 자식을 살뜰하게 보살피지는 못했어도 투박하게 사랑해주셨던 엄마가 계셨다.

때와 장소를 가리지 않고 나에 대한 믿음을 보여주셨던 아버지 덕분에 나는 늘 운명은 내 편이고, 나는 무엇을 하든 잘할 수밖에 없다는 믿음을 가질 수 있었다. 이 믿음은 지금도 나의 가장 큰 삶의 원동력이 되고 있다.

엄마나 아버지는 공부든 뭐든 그저 내게 맡겨두었을 뿐 지금의 나처럼 전전긍긍하지 않으셨다. 물론 그래서 좋은 대학을 못 간 것이 아닐까 싶은 원망도 있지만, 부모님은 그보다 더 큰 걸 내게 가르쳐주셨다. '내 삶은 내가 선택하고 책임져야 한다'는 것 말이다.

스스로에게 던진 질문은 내 아이 교육의 목표를 다시 세워야겠다는 생각으로 이어졌다. 지금 내가 가지고 있는 불안은, 아이가 아니라 나의 불안일 뿐이었기에 스스로 극복해 나갈 문제라는 자각이 들었다.

성적이라는 '외부의 기준'을 내려놓다

좋은 대학을 보내는 것이 교육의 목표가 되어서는 안 된다. 아무리 많은 부모들이 좋은 대학 보내기에 맹목적이라 하더라도 나는 정신을 차려야겠다 싶었다. 무엇보다 중요한 것은 아이의 현재 행복이다. 아이를 충분히 믿어주고 사랑해주는 것만이 아이를 스스로 살게 하는 힘이 되어줄 수 있다고 되뇌었다.

그러면서 엄마 노릇의 시간들을 되돌아보니, 잘한 것들이 많다는 생각이 들었다. 아이가 중학생이 되면서 잠깐 불안에 휩쓸리기도 했지만, 아이에게 잘한 일이 더 많았다는 흐뭇한 마음도 생겼다. 무엇보다 아이를 사랑했고, 정성을 들였으며, 누구보다 좋은 모녀관계를 이어왔다. 학원에 의지하지 않고 스스로 공부할 수 있는 저력을 키워주기 위해 최선을 다했고, 책을 좋아하고 잘 읽을 수 있게 세심하게 배려해왔던 시간들이 있었다. 지나고 나니, 참 잘했던 엄마 노릇들이고, 아이에게는 더할 수 없는 자산이 되어 있다는 것을 인정하게 되었다. 성적이라는 외부 기준으로 아이 바라보기를 내려놓으니, 아이의 수많은 가능성과 잠재력이 보이기 시작했다. 그랬더니 신기하게 아이가 변하기 시작했다.

불안한 마음이 완전하게 사라지지는 않았지만 조금씩 나아졌고, 지금도 엄마로서 열심히 성찰하고 공부하고 있는 중이다. 부모교육 강사로서 하는 말과 아이들의 엄마로서 실천하는 일들의 괴리감을 줄이려고 애썼던 몇 년의 시간이 흐른 지금은 나 역시 많이 성장해 있다. 여전히 성장 과정에 있는 부모로서, 오늘도 나는 아이와 함께 자라고 있다.

'in seoul'이 아니라
'in soul'을 위한 교육

한때 나는 아이를 잘 키워보겠다는 욕심으로 수많은 교육서를 읽었다. 지금도 자녀교육에 관련된 책들은 거의 사서 본다.

서점에 무수히 꽂혀 있는 교육서들은 거의 다 명문대 입학을 위한 전략이나 상위 1퍼센트의 극상위 인재를 만드는 비법을 담은 것들이다. 대치동 학원 전문가가 썼건, 명문대학에 아이를 보낸 '돼지 엄마'들이 썼건 결론은 비슷하다. 좋은 대학을 보내기 위해서는 어렸을 때부터 움직여야 하고 누구보다 치열해야 한다는 것이다. 공공연히 사교육을 부추기는 책도 많고, 어쩌다 사교육 없이 스스로 공부하는 방법을 알려주는 책들도 목표와 과정은 거의 비슷하다. 입시제도가 복잡해지고 경쟁이 갈수록 치열해지니, 이제 승패는 누가 더 독하게 하느냐에 달려있다.

이제 새로운 교육 담론이 필요하다. 부모의 불안을 부추기고, 아이의 방황에 불을 지피는 교육 담론이 아니라 아이와 부모가 함께 성장하고 행복해질 수 있는 다양한 교육 담론이 필요하다. 아이가 자기 삶의 주인으로 바로 서고, 영혼의 성장을 추구하며, 일상의 삶에 감탄할 수 있게 지지해 주는 교육을 나는 '인소울 in soul' 교육으로 명명하고자 한다.

성적과 성취를 위한 맹목적인 교육, 타율적인 교육이 아니라 아이 스스로가 자신의 삶을 끌고 가는 자기 주도적인 교육이자 영혼을 풍성하게 살리는 교육이 바로 'in soul' 교육이다.

사회는 변하고 있다. 미래 사회의 키워드는 '협력'과 '소통'이다. 서로 힘을 모아야만 살아갈 수 있는 사회가 되어가고 있고, 협력을 위해서는 소통이 필수 요건이다. 이성적인 능력을 키우는 것 이상으로 감성적인 능력을 키워가는 게 중요하다. 힘을 합치고 마음을 나누는 일에는 감성적인 능력이 절대적으로 필요하다. 마음을 읽어내고 움직일 수 있어야 가능한 일이기 때문이다.

인간의 이성적인 능력만으로는 이룰 수 없는 일이 바로 사람 마음을 움직이는 일이다.

아이의 영혼에 접속하는 'in soul' 교육은 거창한 것이 아니다. 유명한 학원에 보내지 않아도, 경제적으로 넉넉한 부모가 아니어도, 대치동의 뛰어난 부모가 아니어도 누구나 삶 속에서 실천할 수 있는 것들이다. 아이와 시간을 함께 보낼 마음이 있고, 아이의 행복을 그 무엇보다 우선하는 부모라면 누구라도 실천할 수 있는 쉬운 방법들이다. '능력'이 아니라 '사랑하는 마음'만 가지면 당장에 실천할 수 있다.

부모의 사랑을 아이의 삶 속에 스며들게 하고, 사랑이 넘치는 삶의 태도를 자연스럽게 전달하는 일은 어렵기도 하지만 꼭 해야만 할 일이다. 아이가 평생 살아갈 삶의 자원이 되는 것이기에 이 일에 열성을 다해야 한다.

혹시 지금까지 못했다 하더라도 상관없다. 자책할 필요도 없다. 늦게라도 진심으로 마음을 다하면 아이들은 감동하고, 변화한다. 아이들은 언제라도 부모의 사랑을 두 팔 벌려 환영하는 법이다. 아이에 대한 때늦은 사랑은 없다. 주기로 마음먹은 그 순간이 가장 중요한 때인 것이다.

영혼이 풍성한 아이는 '자기 삶의 주인공'이다. 남들 눈에 어떻게 보일까를 신경 쓰는 눈치꾸러기가 아니라, 누가 뭐라든 자기 의지대로 살아가는 용기를 지니고 있다. 자기 욕망을 들여다볼 줄 알고, 욕망을 욕망 그대로 표현할 줄 알며, 일상에서 작은 행복을 누릴 수 있다. 자기 삶에 대한 의미를 직접 찾는 지혜를 갖추고, 자기 말에 힘을 실어낼 수 있는 사람이길 추구한다. 그리고 '착한 사람'이라는 프레임에 갇혀서 자기의 욕구와 감정을 억제하지 않는다.

자기를 사랑하는 일이 결국 다른 사람도 행복하게 만들어준다는 진리를 이해하고, 남의 입장을 공들여 존중할 수 있다. 아울러 사회적 소수와 약자의 입장을 배려하는 마음씨를 가지고, 돈이나 사회적 권력을 얻기 위해 소중한 시간을 낭비하지 않는다.

사회적인 부당함에는 건강한 주장을 보태고, 연대가 필요한 일에는 기꺼이 자기 시간을 내어주는 일이 사회에 기여하는 방법의 하나임을 알고 있다. 친구와의 행복한 시간을 소중하게 여기고, 책 읽는 기쁨과 글 쓰는 황홀함을 온몸으로 만끽한다. 또한 자기 삶의 주인공으로서, 사랑을 동력 삼아 날마다 성장해가는 일에 최선을 다한다.

사랑으로 연결되는
삶을 선택하다

어느 지역의 부모교육 시간에 수강생들에게 질문을 던진 적이 있다.

"살면서 부모님이 내게 해줬던 일 중에서 정말 사랑을 느끼게 했던 것 한 가지씩만 말씀해보세요."

어릴 때 '엄마는 날 사랑하지 않는다'고 항상 생각했었어요. 남동생만 유달리 이뻐해서 늘 삐져있었던 것 같아요. 언제인지 기억나지는 않지만 내가 굉장히 아플 때였어요. 아파하면서 자고 있었는데 잠결에 살짝 눈을 떠보니까 엄마가 굉장히 걱정스럽게 나를 내려다보고 있었죠. 손에는 미음이 든 그릇을 들고요. 눈 뜬 내게 미음을 다 먹어야 한다고 한 숟가락씩 떠넘겨줬는데, 목이 아파 못 넘겼어요. 그래도 다 먹어야 된다고 한 숟가락씩 먹여주셨는데, 그때 '우리 엄마가 날 미워하는 건 아니구나. 사랑하는구나' 느꼈어요. (40대. 두 아이의 엄마)

우리 아빠는 진짜 무뚝뚝했어요. 말 한 마디 안 하시는 날이 더 많았고요. 늘 무서웠어요. 아빠 앞에서는 입이 안 떨어졌어요. 할 말이 있으면 엄마를 통해서 했죠. 당시 우리 집 지붕이 기와였는데, 어느 날인가 그 기와에 이마를 찧었어요. 곁에 있던 아빠가 엄청 화를 냈어요. 나한테가 아니라 기왓장에요. 그러면서 기왓장을 두 동강을 냈어요.

아, 그때 말로 표현할 수 없는 벅찬 감동이 있었지요. 아빠와의 추억 중 유일하게 지금까지 생각나네요. (30대 후반. 일곱 살 아이의 엄마)

어릴 때 성적표를 받아오면 엄마한테 무서워서 못 보여줬어요. 그래도 도장은 찍어가야 하니까, 잠결에 정신없는 엄마한테 '내가 읽어줄게' 하면서 줄줄 대충 뻥튀겨서 성적표를 읽어준 것 같아요. 근데 엄마가 다 아는 것 같았어요. 알면서도 모른 척해주신 것 같은데, 저는 그게 사랑으로 느껴줘서 굉장히 고마웠어요. 그래서 저도 우리 아이에게 가끔씩 모른 척 넘어가주는 일이 있어요. 내가 받았던 그 따스했던 배려를 우리 아이에게 해주는 거다, 이게 사랑이다 하는 느낌으로요. (30대 초반. 초등 1학년 엄마)

위 사례를 쓴 엄마들은 모두 평소에는 부모에게 서운한 것도 많고 심지어 부모 사랑을 의심하기도 하면서 성장했다는 공통점이 있다. 그럼에도 엄마들의 기억 속에 자리 잡고 있는 사랑의 장면들이 있다. 확인하기 어려웠던, 매일 느낄 수는 없었던 부모의 사랑을 어느 날 문득 단 한 번의 행동 덕분에, 배려 덕분에 알게 된 것이다. 이런 사랑의 기억들은 어른이 된 지금도 마음 한쪽을 따뜻하게 채우고 있고, 그 마음을 자신의 아이들에게 그대로 보여주려고 노력하게 만든다.

사람이 다 그렇다. 내가 겪은 따뜻한 배려와 사랑은 다른 누군가 소중한 이에게 똑같이 베풀고 싶어진다. 우리가 부모로부터 받았던 사랑과 배려를 우리 아이들에게 내림으로 보여주고, 그 아이들은 또 그 값진 보살핌을 다른 누군가에게 돌려준다면 우리가 사는 공동체는 사랑으로 넘치게 된다.

그래서, 시작은 사랑이다. 가족 안에서 사랑이 처음 시작되어야 한다. 무엇보다 소중한 우리 아이들이 스스로를 귀하게 여기고 머리끝부터 발끝까지 자기의 힘으로 자기 삶을 이끌어나가게 하려면, 부모의 사랑이 전제되어야 한다. 부모의 사랑을 먹고 아이가 자란다. 사랑을 먹고 자란 아이가 남도 사랑할 수 있고, 남을 사랑하는 아이가 늘어나야 우리 사회가 사랑이 넘치는 공동체가 된다.

그러나 안타깝게도 우리는 아직 자식을 사랑하는 법을 제대로 모르고 있다. 공부 잘하도록 뒷바라지 잘하고, 읽어야 할 책 잘 골라주고, 좋은 사교육 선별해서 스케줄 잘 짜주고, 선행에 뒤처짐이 없도록 한 치의 오차도 없이 계획하고 실행하는 것이 아이를 위한 사랑의 방법이라고만 생각하고 있다. 아이와 날마다 전쟁을 치르면서도 그 모든 것이 아이를 위한 일이라고 스스로 위안하며, 또 내일을 준비한다. 둘러보면 진짜 사랑하는 방법을 알려주는 육아서가 없다. 담론이 없다.

흔히 사랑이라 하면 이성간의 뜨거운 사랑, 드라마에 나오는 가슴 두근 거리는 연애, 연인들이 알콩달콩 나누는 감정 정도로만 생각한다.

친구나 동료, 이웃 간에 나누어야 할 사랑에 대한 담론이 절실한데, 누구 하나 말하는 이가 없다. 사랑은 그냥 '사랑해'라는 말 속에만 박제되어 있을 뿐 구체적인 일상의 행동으로, 언어로, 배려로 어떻게 표현되어야 하는 것인지 잘 모른다. 어릴 때부터 이런 사랑을 배워오지 못했기 때문이다.

돈이 최고의 가치가 된 사회, 무한경쟁을 통해 이긴 승자가 모든 열매를 독식하는 사회, 소위 신자유주의 시대에 우리는 살고 있다. 모두가 한 뭉텅이로 돌아가는, 돈과 무한경쟁이라는 절대적인 가치를 향해 돌아가는 시간들 속에서 제정신을 차리기가 참 어렵다. 남들과 다르게 산다는 것, 남들과 다른 목소리를 낸다는 것은 커다란 용기가 필요한 시대다.

용기내어 말하려 한다. 결국 사랑이더라, 사랑이 답이더라. 학교폭력의 문제, 공감 능력이 부족한 아이들, 스스로 자기 삶을 기획하는 일을 애초부터 하지 못하도록 거세된 아이들, 입에 달고 있는 거친 욕설들, 이 모든 문제의 근원은 충분히 사랑받지 못한 데에 있다고 말하려 한다.

유년의 기억,
나도 사랑받는 존재였다

영화의 명장면처럼 오래도록 지워지지 않는 내 유년의 기억이 있다. 우리 엄마는 아버지가 딴살림을 차려서 몇 년 동안이나 비운 집에서 늙은 시부모님과 딸 둘, 아들 하나를 키우며 사신 분이다. 아들을 못 낳아 기가 죽어 있을 때 아버지는 밖에서 아들을 낳으셨다. 지금의 내 나이보다 더 어렸던 엄마가 그 시절을 어떻게 견뎠을지 안 봐도 알 것 같다. 마음속에는 온통 화로 가득 차 있었으리라.

미래에 대한 불안감, 사랑받지 못한다는 결핍감, 부당함, 자식에 대한 연민이 뒤죽박죽인 채로 언니와 내게 악다구니를 쓰며, 모진 말로 상처를 주면서 마음속에 응어리진 화를 풀며 사셨다. 그래도 난 엄마가 날 사랑하지 않는다고 느낀 적은 없었다. 그 이유는 바로 내가 기억하는 행복하고 따뜻한 엄마와의 추억 세 장면이 있기 때문이다.

첫 번째 장면

다섯 살쯤의 기억이다. 나는 무엇 때문인지 마루 구석에서 엉덩이를 쳐든 채 악을 쓰면서 울고 있다. 엄마가 업어주겠다며 내게 손을 내민다. 울면서 무릎걸음으로 걸어가 엄마의 등에 업혔다. 다정하게 들리는 엄마의 목소리. 엄마는 내 엉덩이를 두드리며 나를 달래주고 계신다.

옆집 할머니의 혀 차는 소리가 들린다. 다 큰 놈이 동생도 있는데 엄마한테 업혀 있다고. 나는 그저 엄마의 등에 얼굴을 묻고 모른 체하고 있다. 엄마는 나를 내려놓지도 않고, 화를 내지도 않고, 다정한 목소리로 나를 달래며, 엉덩이를 토닥토닥 두드려줄 뿐이다. 엄마 등에 눈물범벅인 얼굴을 부비면서 나는 참 따뜻했다. 사랑받는다고 느꼈다.

이 기억 이후엔 대부분 남동생에 비해 차별받던 소소한 기억이 전부다. 달걀프라이도 남동생만 해주고, 소풍 갈 때 새옷도 동생만 사주고, 명절 아침에 주는 따끈한 두유도 동생에게만 줬던 억울한 기억들. 그럼에도 저 유년의 기억 덕분에 한 번도 엄마의 사랑을 의심하지 않았다.

두 번째 장면

초등학교 입학식에 참석하러 가는 골목길이다. 나는 빨간 망토를 예쁘게 차려 입었다. 엄마가 내 손을 잡고 골목을 걸으면서 "학교 가면 대답도 잘하고 선생님 말씀 잘 들어야 한다"는 당부를 하셨다. 그러면서 가르쳐준 노래가 '엄지 어딨어?'였다. 그날 엄마의 정겨운 노래 소리는 앞으로의 내 생을 축복해주는 축가로 들렸다. 든든했다.

그 이후 엄마는 내가 학교에서 공부를 얼마나 잘하는지 관심을 가져준 적도 없었고, 수학여행도 때마다 조르고 졸라야 겨우 보내줬고, 학용품 하나 제대로 사주신 적이 없었다. 그래도 엄마를 원망한 적이 별로 없다. 저 골목길에서의 축가가 늘 기억 속에 있었기에 모든 게 용서되고 잊혀졌다.

세 번째 장면

6학년 수학여행을 다녀온 날이다. 나는 가져간 용돈을 아껴서 엄마의 머리핀을 사왔다. 당시 내가 가지고 갔던 용돈 1,500원은 사이다 한 병에 과자를 두 봉지 정도 살 수 있는 돈이었다. 그 돈을 아끼고 아껴서 엄마의 선물을 사온 것이다. 엄마는 무척이나 고마워했다. 그리고 나를 마루에 앉혀두고는 따뜻한 물을 세숫대야에 받아왔다. 엄마는 그 따뜻한 물에 내 발을 담그게 하고 정성스럽게 씻겨주었다. 수학여행에서 얼마나 재밌게 놀았던지 목이 다 쉬어버린 딸아이의 조잘대는 이야기를 하염없이 들어주면서 그렇게 따스하게 발을 씻어주었다. 행복했다.

물론 그 이후로 엄마는 그런 애정 어린 손길을 나한테 전해준 적이 없다. 안아준 적도 없고 손을 잡아준 적도 없다. 우악스럽고 표현에 서툰, 전형적인 경상도 아줌마가 바로 우리 엄마다. 그래도 엄마가 나를 사랑하지 않는다고 생각한 적은 없다.

고백하자면, 나는 이 세 개의 추억으로 힘든 유년시절을 견뎠다. 나름대로 내 안의 목소리를 따라 잘 살아왔고 내 자존감을 스스로 지키면서 자라왔다. 나를 혐오하지도 않았고 내 안에 폭력성을 쌓아두지도 않았다. 가끔 나는 엄마의 '화 유전자'가 고스란히 내 유전자 속에 박혀 있음을 절망스럽게 확인하는 일이 생겨 그 시절의 엄마가 잠깐 원망스럽기는 하지만, 이해된다.

아이들에게 화를 내는 내 모습에서 때때로 엄마의 얼굴을 본다. 그럴 때는 화내는 내 모습을 객관화시키려고 애를 쓰면서도 한편으로는 믿는 구석도 있었다. 내가 엄마와의 따뜻했던 몇 토막 기억으로 엄마의 사랑을 의심하지 않았듯이 평소에 마일리지 쌓아두듯 쌓아온 내 사랑의 표현들, 내 사랑의 기술들이 있기에 아이들도 나의 사랑을 오해하지 않고 잘 받아줄 거라고 말이다. 내가 엄마와의 행복한 한때를 가지고 절망스러운 시간을 잘 건너왔듯이 내 사랑하는 딸들도 일상적으로 나누는 교감의 시간들 덕분에 잘 자라줄 거라 믿었다.

사랑은 그렇게 힘이 세다. 매일의 삶 속에서 한결같지는 않아도 사랑은 받는 사람의 마음속에 오래 남아, 그 사람을 살아가게 하는 힘이 되어준다.

부모는 아이를 믿어주는
단 한 사람

하늘나라에 가 계시는
엄마가
하루 휴가를 얻어 오신다면

〈중략〉

숨겨놓은 세상사 중
딱 한 가지 억울했던 그 일을 일러바치고
엉엉 울겠다.

_정채봉 '어머니의 휴가' 중에서

부모교육 프로그램을 진행할 때 자주 읽어주는 정채봉 시인의 시다. 시를 함께 소리 내어 읽은 뒤, 사람들에게 묻는다.

"여러분에게는 이런 한 사람이 있나요? 자녀들에게 이런 한 사람이 되어주고 계세요?"

어른으로 살아도 힘들 때가 있다. 괜한 두려움에 밤을 뒤척일 때도 있고 다리 뻗고 엉엉 울고 싶을 때도 있다. 이럴 때 누군가 가만히 다가와 '잘하고 있어'라고 등이라도 두드려주면 아주 큰 힘을 얻을 수 있다. 사람의 마음은 똑같다.

나를 믿어주는 이가 한 사람만 있어도……

우리나라를 방문했던 미국의 자살예방교육 전문가의 인터뷰를 읽은 적이 있다. 내일 죽으려고 유서까지 써놓은 사람도 곁에서 이야기를 들어주고, 아픔에 공감해주는 딱 한 사람만 있어도 죽지 않는다는 얘기였다.

어느 친족 성폭력 생존자의 인터뷰도 비슷한 결론이었다. 어린 시절 친족 성폭력을 당한 이 생존자는 힘들 때마다 옥상 위에 올라가 큰 항아리를 껴안고 울었다. 어떤 이야기를 해도 항아리는 어떤 탓도 하지 않고, 그어떤 소문도 내지 않고 그냥 묵묵히 들어주었다 한다. 항아리 덕분에 그는 그 힘든 시기를 죽지 않고 살아내었다는 말이다.

만일 항아리 대신 따뜻한 피가 흐르는 사람이 그의 곁에서 따뜻하게 안아주고, '네 잘못이 아니다. 넌 정말 소중한 사람이야'라고 말해주었다면 얼마나 좋았을까 하는 생각에 안타까웠다.

나는 강의 현장에서 만나는 사람들에게 말한다. 우리가 이런 한 사람이 되어주면 어떻겠느냐고, 그러면 세상이 조금은 더 살 만한 곳이 되지 않겠느냐고, 우리 부모들이 이런 한 사람이 되어준다면 아이들이 신명나게 제 갈길 가지 않겠느냐고, 제발 그런 한 사람이 되는 일을 게을리하지 말자고.

내게도 그런 한 사람이 있다. 15년 전에 돌아가신 아버지, 그분이다. 내가 남들보다 조금 더 긍정적인 에너지를 가지고 있다면 그것은 전부 다, 우리 아버지 덕분이다. 내가 힘든 일을 겪어도 쉽게 털어내는 능력을 가지고 있는 것도, 책을 좋아하는 것도, 나의 미래를 무조건 긍정하는 것도 다 아버지의 영향이다.

아버지, 하얀 운동화 그리고 월미도

어릴 때부터 좋았던 아버지는 아니다. 앞에서 잠깐 언급했듯이 아버지는 젊은 시절, 바람이 나서 딴살림을 차린 채 10년을 넘게 밖에서 떠돌았던 분이다.

아버지는 내가 열두 살이었던 어느 날 빈털터리가 되어 집으로 돌아왔다. 그 후로 몇 년간 아랫목에 누운 채 《신동아》나 《월간조선》 따위의 책을 읽었고, 집안 분위기는 늘 무겁게 가라앉아 있었다.

엄마는 늘 아버지를 향해 욕을 하고 우리에게 화풀이를 했지만 나는 일만 하는 엄마가 불쌍해서 엄마 마음에 드는 착한 딸이 되려고 애를 썼다.

엄마를 고생만 시키는 아버지가 미웠다.

학교에서 돌아오는 길에 제일 먼저 살펴보는 것은 댓돌 위에 놓여있는 아버지의 하얀 운동화였다. 운동화가 없는 날이면 얼마나 좋았는지 모른다. 운동화가 있는 날이면 내 마음도 천근만근 가라앉았다. 아버지와 엄마가 싸운 날이면 밥상에 둘러앉기도 싫었고, 학교에 돈을 낼 일이 있는 날이면 정말 죽고 싶을 만큼 싫었다. 그런 날이면 엄마는 더 집요하게 잔소리를 했고, 아버지는 더 화를 냈기 때문이다.

그런 우울한 날들을 보내면서 어느 누구의 살뜰한 보살핌도 받지 못했던 나는, 고등학교에 들어가서야 공부를 하겠다는 마음을 먹었다. 그때까지도 줄기차게 아랫목을 지키고 있던 자존심 강한 아버지를 벗어나는 길은 공부를 잘해서 뭔가 되어야 한다는 생각이 들었던 것이다.

그날도 아버지랑 엄마가 싸웠다. 가출을 했다. 가봤자 동네 도서관이다. 24시간 문을 여는 도서관에서 날을 새고 아침에야 집에 들어갔더니 아버지가 불같이 화를 내면서 회초리를 찾았다. '회초리를 들 만큼 나한테 관심이 있었나?' 하는 의아한 마음으로 종아리를 걷고 아버지 앞에 섰다. 아버지가 회초리로 종아리를 내리치는데, 하나도 아프지 않았다.

"어디 갔었냐?"

"도서관에서 공부하고 왔어요."

"공부는 해서 뭐하려고?"

"대학 갈 거예요."

그때부터 거짓말처럼 아버지가 변했다. 아랫목을 박차고 일어나셨다. 잘 나가던 사업이 망한 뒤 절망에 빠져 허우적대던 시간을 이기고 일어나신 거다. 드디어! 돈이 전부가 아니라고 늘 자존심을 내세웠던 분, 그놈의 자존심이 밥 먹여주느냐는 엄마의 악다구니에도 꿈쩍 안 하던 분이, 내가 공부를 하겠다니 그 뒷바라지를 해주기 위해 일어나셨다. 그때부터 아버지는 공사장에서 함바집을 운영하며 내가 대학원을 졸업할 때까지 뒷바라지를 해주었다.

그 이후 아버지는 유일한 내 편이 되어주었다. 어디를 가든 내 자랑이었다. '저놈은 뭐라도 할 놈이다.' 부끄럽지도 않으신지 어느 자리에서든 '저놈을 봐라, 자랑스러운 내 새끼다' 해주셨다. 시골의 작은 고등학교에 다니는 딸이 공부를 잘해봤자 얼마나 잘한다고, 무슨 대단한 자랑처럼 그렇게 내 칭찬을 하고 다녔다.

그런데 참 신기하기도 하지. 아버지의 그런 자랑이 어릴 적 내가 받은 상처를 치유해주었고, 내 구멍 난 자존감을 메워주었다. 사랑의 양분이 부족해서 말라붙어 있던 내 정서적 탯줄에 살이 오르기 시작했다. 자식에게 사랑을 표현하는 데에 늦은 때는 없다는 것을, 나는 아버지를 보고 알았다. 유년 시절의 아버지는 내게 상처를 주신 분이지만, 고등학교 이후의 아버지는 내게 사랑만 주신 분이었다. 덕분에 아버지와는 추억도 많다.

시장에서 함께 술 마시고 대화 나누는 걸 무엇보다 즐거워하셨고, 세상 돌아가는 이야기를 나한테 해주시는 것을 무엇보다 행복으로 아셨던 유일한 분이 우리 아버지다. 대학원에 갔을 때 눈물로 기뻐해준 유일한 분이고, 한 번도 거르지 않고 매달 30만 원씩 보내주는 것으로 내 공부를 응원해준 단 한 사람이었다. 보내준 생활비의 반을 책을 사는 데 쓰는 나를 자랑스러워하셨고, 언제나 '너는 뭐라도 할 놈'이라며 응원해주셨다.

그런 내가 이른 나이에 결혼을 한다 하니 아버지는 몹시 서운해하셨다. 그러면서도 시집가는 딸아이와 마지막 보내는 밤에 '나는 니 남편보다 니가 더 성공할 거라 믿는다. 남편을 위해 널 희생하지 말고 너의 인생을 살라'라고 말씀해주신, 멋쟁이 아버지였다. 그랬던 아버지께서 내가 결혼한 2년 뒤 쯤에 딸이 이룬 성취 하나 눈으로 보지 못한 채 돌아가셨다.

돌아가시기 몇 달 전, 월미도의 어느 후미진 다방에서 당신이 사랑하는 딸과 생애 마지막 커피를 마시면서 하시던 말씀, 나는 아직 잊지 못한다.

"나는 충분히 열심히 살았으니 후회가 없다. 나의 삶은 너의 삶으로 그대로 이어지는 거니, 넌 그저 너의 삶을 열심히 살면 되는 거다."

아버지 말씀이 맞았다. 나에 대한 아버지의 믿음과 사랑은 내 삶으로 강하게 이어졌고, 나는 아버지의 삶에 보답하기 위해 더 열심히 살아왔다.

아버지가 내게 주셨던 사랑은 아직도 내 삶을 밀어주는 힘이며 격려다. 가장 뜨거운 사랑이고, 내 삶을 내 힘으로 살아가게 하는 동력이다. 배짱 두둑하게 세상과 맞설 수 있게 하는 '빽'이며 나의 목소리에 힘을 실어주는 메아리다.

사랑은 말이다. 거창한 게 아니다. 우리 아버지의 팔불출 같은 자식 자랑, 시장에서 나누어 마시던 소주 한 잔, 식어빠진 커피를 두고 나눈 대화들, 딸 시집보내기 전날 흘린 뜨거운 눈물, 이런 게 사랑인 거다. 시간이 흘러도, 아버지가 보여주신 사랑은 내 마음속에 그대로 흐르고 있다. 아버지의 사랑은 지금도 나를 살게 하는 힘이다.

엄마 노릇 17년, 아이와
함께 성장하다

내 아이를 낳은 일은 '나를' 전혀 다른 차원의 존재로 거듭나게 한 대단히 즐거운 일이었다. 《데미안》에 묘사되어 있는, 알을 깨고 나온 새처럼 그렇게 이전의 나를 깨버리고 새로운 내가 태어난 것 같다. 아직은 즐겁기만 한 육아라는 일 속에서 내 이름 석 자를 더욱 빛나게 하리라는 다짐을 해본다. 하고 싶은 일이 많아졌다. 생에 관한 의욕이 넘쳐 집착이 되려고 한다. 오래오래 살고 싶다. 그리고 아이에게 맹목적으로 집착하는 '엄마들' 같은 엄마 말고, 내 아이만을 특별하게 키우겠다는 미시족 같은 엄마 말고, 새로운 엄마의 전형을 지금부터 내가 만들어봐야겠다.

_2000년 4월 어느 날 일기 중에서

큰아이 5개월 즈음에 쓴 일기의 한 대목이다. 지금 큰 아이가 열일곱 살이니 내 엄마노릇의 시간도 17년이 흐른 셈이다. 17년이라고 쓰니까 굉장히 긴 시간처럼 느껴지지만 주관적인 느낌으로는 마치 17개월 정도에 불과하다. 행복한 시간이었기에, 그만큼 짧게 느껴진다.

아이의 탄생은 곧 새로운 나의 탄생

아이가 태어났을 때는 마치 새로운 세계를 얻은 것 같았다. 딸에게 좋은 엄마가 되어야겠다고 날마다 다짐했고, 딸이 컸을 때 '엄마처럼 살고 싶어요'라는 말을 들을 수 있도록 역할 모델이 되어주고자 노력했다.

하지만 엄마라고 해서 아이 때문에 나의 삶을 희생하고 싶지는 않았다. 욕심일지 모르지만 나는 '나'로서도 성공한 사람이고 싶었고, 엄마로서도 매우 훌륭한 사람이고 싶었다. 내가 성장하는 일과 아이를 사랑하는 일을 같은 크기로 할 수 있다고 생각했고, 그 둘은 궁극적으로 같은 것을 지향한다고 믿었다. 아이를 사랑한다는 것은, 내가 멋진 사람으로 성장해 간다는 것을 포함하는 일이라고 여겼다.

두 가지를 함께하는 일은 아이가 내 뱃속에 있을 때부터 시작되었다. 임신을 하면 하던 일도 잠시 쉬게 되는 경우가 적지 않은데, 나는 임신 때문에 내 몫의 일을 미뤄두고 싶지는 않았다. 당시에 나는 석사 논문을 써야 하는 숙제를 안고 있었는데, 임신 기간은 논문을 쓰기에 딱 좋았다. 입덧

48

도 없고 몸도 무겁지 않아서 책 읽고 글쓰기에 안성맞춤이었던 거다. 더욱이 임신 기간이라 몸에 좋은 것만 챙겨먹으니 건강도 좋아지고, 체력까지 받쳐주던 시기였다. 늦은 시간까지 책을 읽고 글을 써도 피곤한 줄 몰랐다.

글을 쓰면 배 위에 손을 올려두고 아이에게 읽어주곤 했는데, 그 일은 자연스레 아주 훌륭한 태교가 되어주었다. 그렇게 임신한 기간까지 즐기며 나는 내 공부를 했고, 아기가 태어날 때쯤 논문도 인쇄되어 나왔다.

아이가 어릴 때는 일부러 일을 많이 벌이지 않았다. 세 살이 될 때까지는 내 품에 데리고 있고 싶었기 때문이다. 아이가 너무 좋아서, 아이랑 보내는 시간이 정말 행복해서 그 시간을 충분히 즐기고 싶었다.

아이가 마루를 기어다닐 때부터 마루 한가운데에 큰 탁자를 펴두었다. 아이를 보는 틈틈이 책을 읽고 싶어서였다. 아이는 여기저기 기어 다니다 내 곁에 와서 책장을 넘기기도 하고, 내 품에 파고들기도 했다. 아이는 그때의 나에게 가장 훌륭한 대화 상대였다. 아이를 친구 삼아 하고 싶은 이야기를 끊임없이 건네면 아이는 마치 알아듣는다는 듯 웃음으로, 유치어로 대답을 해주곤 했다.

아이를 품고 집에 있는 동안, 나는 무엇을 하면 좋을까에 대한 고민을 놓은 적이 없었다. 지역의 여성단체에 가입을 해서 내 나름대로 조금씩 활동을 하기 시작했고, 내가 좋아하는 일을 탐색하는 데 부지런하게 움직였다. 여성학 전공자가 드문 때라 여성단체에서는 여성주의에 대한 교육을 주로 나에게 맡겼는데, 젖먹이 아이를 포대기로 업고 나가 젖을 물려가면서 강의를 하기도 했다. 그런 시간들을 거치면서 나는 '강사' 일이 내 적성에 잘 맞는다는 걸 알게 되었고, 강사로서 필요한 역량을 조금씩 채워가기 시작했다.

아이를 키우던 17년의 시간은, 강사로서의 역량을 키우던 시간과 정확하게 일치한다. 아이에게 매일 소리 내어 읽어줬던 책은 말할 때의 발음을 정확하게 구사하는 데 도움을 줘서, 강의할 때 굉장히 큰 장점으로 이어졌다. 강의할 때마다 말을 맛깔나게 잘한다는 평가를 받곤 하는데, 비법은 여기에 있었던 거다. 또 아이들 동화책에는 아름다운 문장이 많은데, 이런 문장을 접한 경험은 나의 언어 구사력를 키우는 데도 큰 도움이 되어주었다.

아이 곁에서 함께 책을 읽으면서 보낸 그 오랜 시절의 저녁 시간들은 나의 강의력를 향상시키는 중요한 시간이었다. 아이를 위해 보내는 시간들이 아니라 나의 성장을 위해 보낸 시간들이라 해도 과언이 아닐 정도였다.

강사라는 직업의 특성상, 아이와 보낼 수 있는 시간이 아주 많다는 것도 엄청나게 매력적인 점이었다. 아이에게 정성을 들이는 일, 아이의 교육에 신경 쓰는 일도 나에게는 아주 중요한 일이었기에 아이에게 소홀하지 않을 수 있다는 것이 그렇게 좋을 수가 없었다.

나에게 있어서는 '어떤 아이로 키울 것인가' 하는 질문은 곧 '나는 어떻게 살아갈 것인가' 하는 질문과 같은 의미이기도 했다.

나는 하고 싶은 일을 즐겁게 하는 사람으로 살고 싶었고, 내 아이도 그렇게 커주길 바랐다. 나는 책을 읽는 것으로 행복하고 싶었고, 내 아이도 그렇게 되길 바랐다. 나는 내 의지대로 삶을 주도해나가고 싶었고, 내 아이도 그렇게 자라주길 바랐다.

지금 내가 살아가는 모습이 곧 내 아이의 미래가 될 것이므로 난 내가 원하는 삶을 위해 참 열심히 살았다. 시행착오도 많이 겪었지만, 아이는 스스로 자라야 된다는 믿음을 지켜내려고 애쓴 시간이기도 했다.

스스로 결정하는
아이들

행복하고 존엄한 삶은 내가 결정하는 삶이다.

_페터 비에리

"엄마, 나 영재원 그만둘래."

"왜? 버스 타고 혼자 다니는 거 힘들어서 그래?"

"아니, 버스 타고 다니는 거야 재밌지. 아무래도 글은 자기가 써야 하는 거잖아?"

"그건 그렇지."

"근데 영재원에서 글쓰기 기법을 먼저 배우면, 글 쓰는 게 자연스럽지가 않아. 차라리 그 시간에 혼자 글을 쓰는 게 맞는 것 같아."

"그래도 선생님한테 배우면 더 낫지 않을까? 조금 더 다녀보지?"

"아니야, 아니다 싶을 때는 과감하게 그만두는 게 맞아."

"그러면 고민 좀 더 해보고, 그래도 그만두고 싶으면 선생님께 여쭤봐."
"퇴학원이라는 서류를 내면 된대."
"그래? 알아서 출력해서 작성할 수 있지?"
"응, 당연하지."

5학년 올라오면서 태윤이는 지역교육청 문학영재로 선발되었다. 나도 모르는 사이에 이루어진 일이다. 책 읽고 글 쓰는 거 좋아하는 아이라 잘 됐다 싶었다. 다니는 학원도 없고, 빈집에 혼자 있는 것도 안쓰럽던 차에 다닐 곳이 생겨서 더 좋기도 했다.

집에서 20분 거리에 있는 초등학교로 혼자서 버스 타고 다니기를 두 달 정도 했을 때 태윤이는 영재원을 그만두겠노라고 선언했다. 애가 뭘 진득하게 끝까지 하는 게 없나 싶어 걱정되는 마음도 없지 않았으나, 태윤이가 결정을 하면 나는 그냥 따르는 편이다. 설득해도 자기가 아니다 싶으면 절대 설득당하지 않는 아이라는 것을 이미 알고 있기 때문이다.

태윤이는 어릴 때부터 무엇이든 스스로 결정하는 아이였다. 태윤이가 어렸을 때부터 내가 본격적으로 일을 시작했기 때문에 늘 혼자서 무엇이든 할 수밖에 없는 환경이기도 했다.
혼자서 해야 하는 일이 많으니 무엇인가를 결정하는 일도 습관처럼 스스로 해왔다. 작게는 무슨 옷을 입을 것인지부터 무슨 책을 읽고 싶은지,

학교 공부는 어떻게 해야 하는지, 학원을 다닐 것인지 말 것인지, 수학 예습을 해야 하는지 말아야 하는지 등등 모든 결정을 스스로 내린다. 아이가 어릴 때는 조금 간섭도 해보고, 선택을 대신 해주려고도 해봤지만 그때마다 강하게 거부하거나 자기 고집대로 했을 뿐, 내 말을 들어주는 흉내조차 내지 않았다.

걱정도 되고 서운한 마음도 없지 않았지만, 사실 편하기도 했다. 내 일을 하는 데 걱정거리가 줄어들었다는 생각에 홀가분한 마음까지 들었다. 가끔 내 친구들은 태윤이를 너무 방치하는 것 아니냐고 걱정스레 얘기하곤 했는데, 아이의 결정을 존중하는 것이지 방치하는 것은 아니었다.

스스로 결정하는 것은 어릴 때부터 경험으로 누적되지 않으면 어른이 되어서도 잘 하지 못한다. 오죽하면 '결정장애'라는 말까지 있을까? 요즘 아이들은 어릴 때부터 부모가 선택해준 것들 안에서 자라온 환경 때문에 사소한 저녁 메뉴를 고르는 일을 결정하는 것도 어려워한다.

자신과 관련된 일을 선택할 때, 스스로 결정하는 것은 반드시 갖추어야 할 능력이다. 스스로 선택하고 결정한다는 것은 자기 삶의 한가운데에 주인으로 서 있다는 의미이기도 하다.

한겨울에 얇은 옷을 입겠다고 떼를 쓰거나 매일 공주 드레스만 입고 유치원에 가겠다거나 하는 일은, 부모라면 누구나 한 번쯤 겪어봤을 만한 일이다. 그럴 때 부모들은 감기에 걸릴까 봐 어떻게든 두꺼운 옷을 입혀 보내려고 할 것이다. 나 또한 첫아이 때는 그랬다. 하지만 키워보니 아이가 결정하는 대로 두어도 큰일이 나지 않는다는 것을 알았다.

얇은 옷을 입고 나가서 추위에 호되게 떨어보면 다음에는 다른 선택을 하게 된다. 그러면서 아이는 자기 결정에 대한 책임을 지는 연습을 하는 것이다. 아주 사소한 것들부터 아이에게 결정을 할 수 있는 권한을 최대한 줘야만, 자기 결정에 자신이 생긴다. 이런 경험과 인정이 누적될 때 아이는 비로소 스스로 결정하는 아이로 성장하게 되는 것이다. 물론 부모로서 지켜보는 것이 쉽지는 않겠지만.

"너는 똥인지 된장인지 꼭 찍어 먹어봐야 알겠니?"

"시험공부가 산더민데, 어떻게 잠을 자?"

"공부를 능률적으로 해야지, 잠 안 자고 어떻게 하니? 하루 안 자면 후유증이 며칠이나 가는지 넌 겪어보고도 모르겠니?"

"몰라 몰라, 어쩔 수 없어. 버텨보는 거야."

"내가 미친다. 에휴."

큰애 역시 고집불통이다. 시험 기간에 잠을 안 자고 버티다가 낭패를 본 적이 있으면서도 여전히 같은 선택을 한다. 옆에서 조언을 해줘도 자기 마음이 그렇지 않다고 말하면 여지없이 자기 마음을 따르는 아이다. 자기가 겪어보고, 똥인지 된장인지 찍어먹어 보고, 아닌 건 아니라고 자기 확신이 생겨야 움직이는 아이니 그저 지켜볼 수밖에 없다. 부모로서 큰아이 작은아이 둘 다 스스로 결정하는 것에 두려움이 없다는 사실에 안도하면서 아이의 뒤를 그저 바라보고 서 있을 뿐이다.

스스로 공부하는
아이들

선배들이 수능 시험을 치는 날 태은이도 많이 심란해하고 불안해했다. 도서관에 공부하러 가서는 내게 계속 전화를 걸어왔다. 누군가의 확신어린 격려가 필요한 날이었으리라.

"엄마 자꾸 눈물이 나. 12년 공부한 결과가 수능 점수 한 번으로 결정된다는 게 답답하고 불안해. 나 잘할 수 있겠지?"

"수능이 끝은 아니야. 수능 뒤에도 만회할 시간은 언제든 와. 부담 느끼지 않아도 돼."

"지금 열심히 하고 있지만, 내가 나를 잘 못 믿겠어."

"충분히 잘하고 있어. 믿어도 돼. 가끔 열심히 안 해도 넌 충분히 멋져."

수능 날, 시험 친 선배들만큼이나 떨고 불안해하던 아이를 하루 종일 다독여 학교를 보냈더니 문자를 보내왔다. 내 가방 속에 편지를 넣어뒀으니 읽어보라는 말이었다. 유서는 아니니 걱정하지 말라는 귀여운 농담도 함께 적혀 있었다. 가방을 열어보니 아이가 단정하게 써둔 편지가 있다. 새벽까지 깨어 있던 눈치더니 그때 썼구나 싶다.

엄마에게

엄마가 해준 말처럼 내가 할 수 있다고 믿고 꾸준히 열심히 할 테니까, 조금만 더 믿어줘.

매일 독서실에서 2시까지 나랑 있어줘서 고맙고, 늘 모든 것에 감사해.

꼭 내 꿈 이뤄서 멋진 사람 되는 걸로 보답할 테니까 조금만 더 기다려줘. 엄마 꿈도 응원할게. 우리 둘 다 열심히 해서 꼭 멋진 성과를 내자.

그래도 지금은 미안해. 엄마 기대에 못미쳐서. 그래도 나 진짜 열심히 하고 있고 잘할 테니까 믿어주면 좋겠어. 엄마는 누가 뭐래도 내 편이 되어주는 유일한 사람이라 참 좋아.

나는 마음을 담아 답장을 썼다.

태은아, 지금도 충분히 멋진 사람이 너야. 조금씩 매일 나아지는 모습 보여주니까 엄마는 그것만으로도 좋아. 기대에 못미치다니, 당치 않다. 기대에 이미 차고 넘쳐. 우리 같이 손잡고 조금씩만 커가자. 오늘 행복하게 노력하면 내일 분명히 좋은 결과로 돌아온다. 내일 아니면 모레 아니면 1년 2년 뒤에라도……. 언제든 반드시 오니까 지금을 즐겨. 편지 눈물 나게 감동이고 너 같은 딸을 둬서 그저 행복할 뿐이야. 엄마 사랑을 빽 삼 아 씩씩하게 GO!

그냥 하는 말이 아니라 태은이는 지금 누구보다도 열심히 하고 있다. 더 열심히 해야 한다고 말을 할 수가 없다. 그런데도 아이는 늘 불안해한다. 열심히 한 만큼 성적이 아름답게 나오지 않기 때문이리라. 성적으로 평가 받는 학교라는 공간 안에서는 열심히 하는 정도로는 마음을 놓을 수가 없다. 모두가 열심히 자기 몫을 다해도 성적이 뛰어난 몇몇의 아이들만 인정 받으니까 그렇지 않은 많은 아이들은 끊임없는 자기 불안과 싸워야 한다. "지금도 충분하다. 지금도 멋지다. 무조건 널 믿는다. 잘할 수 있다."
매일 격려해주지만 눈에 보이는, 인정받을 만한 성적이 없는 상태에서는 늘 반복적으로 불안해한다.

하지만 우리 아이는 지금도 충분히 잘하고 있다. 스스로 하는 공부는 지금이 아니라도 언제든 빛을 내게 되어 있다. 성적과 상관없이 스스로 하고 있다는 그 사실만으로도 충분하다.
고등학교 1학년 태은이가 요즘 보여주는 모습은, 내가 원하던 바로 그 모습이다. 눈빛은 밝게 빛나고 온몸은 꿈을 향한 열정으로 달떠 있다. 작년 까지만 해도 매번 져버리고 말았던 잠과의 싸움에서도 이겨내려 애쓰고 있다. 내가 하는 말은 그저 "그만하고 자라. 그만하고 쉬어라" 하는 것이다.

공부 계획을 짜고 매일 실행하는 일, 학원 다니지 않고 하는 수학, 영어 공부를 자기만의 목표를 세워 매일 해나가는 일, 진로에 맞춰 학생부를 챙기고, 교내 대회에 부지런히 참석해서 성과를 내는 일 모두를 혼자서 다 해낸다. 아이가 고등학생이 되니 내가 할 일이 하나도 없다. 엄마가 대학입시 정보를 잘 알아야 한다고 하지만, 나는 내 일로 바빠 그럴 엄두를 못 내고 있다. 태은이가 잘 해나가고 있으니 그저 믿고 맡길 뿐.

내가 요즘 아이를 위해 해주는 일은 독서실에서 2시까지 함께 있어주는 일 정도다. 나도 매일 공부를 해야 하는 입장이라 서로 의지하고 있다.

물론, 지금은 잘하고 있지만 아이가 또 어떻게 변할지는 장담하지 못하겠다. "공부 말고 다른 걸 해보고 싶어" 하는 날이 올지도 모르지만 아이 스스로 선택한 것이라면 언제든 대환영이다.

아이가 스스로 공부하는 모습은, 어느 날 갑자기 나타난 것은 분명 아니다. 어릴 때부터 스스로 공부할 수 있는 환경을 만들어주었던 나의 노력과 공부를 해야 할 이유와 목표를 찾을 때까지 수없이 자극을 주어왔던 나의 정성이 겹쳐진 결과물이다.

아이가 아주 어렸을 때부터 나의 교육 원칙은 학원의 도움 없이, 스스로 재미있게 공부하는 습관을 길러주는 것이었다. '스스로 재미있게 하는 공부'란 즐거운 마음으로 자신이 꿈꾸는 어떤 목표를 향해 현재의 공부에 성실하게 임하는 것을 말한다. 자기가 공부의 주인이 되어서 자신의 의지대로 끌어가는 것이다. 필요하다면 외부의 도움을 적절하게 받을 수도 있지만 결정은 전적으로 아이가 해야 의미가 있다.

중요한 것은 혼자서 했는가, 누구의 도움을 받았는가가 아니라 공부를 하고 싶다는 자발적인 동기가 있었느냐다. 누가 뭐래도 공부는 억지로 끌어서 할 수 있는 것이 아니다.

아이가 평생 스스로 삶을 주도할 수 있도록 부모로서 도와주어야 할 최고의 훈육은, 학생으로서 공부를 스스로 할 수 있게 돕는 것이다. 공부는 못해도 된다. 스스로 할 수 있는 저력만 제대로 갖추면 공부는 언제든 잘할 수 있게 된다.

리더십 있는
아이들

태은이가 초등학교에 들어가 처음 치른 반장선거가 생각난다. 반장을 꼭 하고 싶다며 하루 전부터 연설문을 직접 쓰고, 엄마를 앞에 두고 열심히 연습을 하고 학교에 갔다. 총 다섯 명을 뽑는 반장선거였는데, 나도 처음 경험이라 떨렸다. 그런데 집에 올 시간이 되었는데도 아이가 오지 않았다. 떨어졌구나 싶어 마음이 철렁거리는데 학교에서 전화가 왔다.

"어떻게 됐어? 떨어진 거야?"
"아니. 표를 제일 많이 받아서 1등으로 뽑혔어."
"잘 됐네. 잘했어. 근데 왜 울어?"
"엄마한테 빨리 가서 자랑하고 싶은데, 선생님께서 반장이 할 일을 가르쳐주신다고 늦게 보내주신대서……."

아이는 얼른 집에 가서 반장선거 때 자기가 얼마나 연설을 잘했는지 엄마한테 자랑하고 싶은데, 그러지 못해서 울먹이며 전화를 했던 것이었다. 아이가 초등학교 1학년 때는 엄마 역시 딱 초등학생 수준이었던지라, 철없이 기뻐했던 게 지금도 선명하다.

그 후로 태은이는 학년이 올라갈 때마다 매번 반장선거에 출마했고, 아이들의 지지를 받아 늘 1등으로 당선되었다. 고등학교 1학년인 지금까지 선거에 나가서 떨어진 적이 한 번도 없다. 아이들에게 그만큼 인정받고 있다는 증거로 보여서 흐뭇한 마음이다. 6학년 2학기 때는 전학을 갔는데, 전학 간 다음 날 치러진 반장선거에 출마하는 용기를 보였다. 그런데 놀랍게도 친구들을 새로 만난 지 하루 만에 반장으로 뽑혔다.

학기가 끝날 때면 담임선생님이 태은이에게 정말 도움 많이 받았다는 인사를 나한테 따로 전해주실 정도로 반장으로서 최선을 다했다. 집에서 지켜봐도, 태은이는 늘 반장 역할이 학교생활의 1순위였다.

그런데, 초등학교 6학년 때의 전교회장 선거는 우여곡절이 좀 있었다. 아이들 사이에서 태은이는 당연히 전교회장감으로 인정받고 있었다. 하지만 아이는 2학기 때 전학을 갈 예정이어서 출마를 해야 할지 말아야 할지 고민이었다. 그렇게 며칠 동안 고민을 한 끝에 아이는 도전을 해보겠다고 나섰다.

초등학교 선거지만 치열했다. 후보가 6명이나 나왔다. 저마다 뛰어난 아이들이라 당선을 장담할 수 없었다. 선거가 치러졌고, 태은이는 회장이 아니라 부회장으로 선출되었다. 마음속으로는 태은이가 당연히 될 줄 알았던 터라 약간 실망스러운 마음이 들었다.

아이한테 이야기를 들어보니 회장으로 뽑힌 아이는 교실마다 금붕어 어항을 설치해준다는 공약을 내세웠다고 한다. 아이들이 치르는 선거에 어항 공약이라니, 좀 어이가 없었다. 모두가 사이좋게 지내는 학교를 만들겠다는 태은이의 공약은 정말 순진한 공약이었던 거였다.

선거가 끝난 뒤, 엄마들 사이에서 불공정한 선거였다는 말이 돌았고, 지역 신문에까지 실릴 정도로 이슈가 되었다. 마침내 학교에서는 재선거를 결정했다. 그래서 선거가 다시 치러졌고, 태은이는 전교회장에 당선되었다.

전교회장이 된 태은이는 모범을 보여야 한다고 공부도 더 열심히 했고 친구들도 더 많이 챙기곤 했다. 아이가 회장이면 엄마에게도 여러 가지 역할이 주어지는 게 당연하게 여겨지던 때였는데, 내가 한 번도 학교에 가지 않아도 될 만큼 아이는 야무지게 자기 역할을 잘 해냈다. 내가 한 일이라고는 전학 가기 전날 인사를 드린 게 전부였을 정도였다.

초등학교와 달리 태은이가 다녔던 중학교의 전교회장 선거는 러닝메이트제로 치러졌다. 회장으로 출마할 아이가 부회장을 지명해서 함께 나가는 것이다. 중학교 2학년 때 부회장을 한 아이가 3학년 올라가면 자연스럽게 회장으로 뽑히는 전통이 있는 학교여서 2학년 때 부회장 후보로 선배의 지명을 받는 것이 아주 중요했다. 선배들의 지명을 받지 못하면 부회장

선거에 나갈 수 있는 기회조차 없다.

태은이도 중학교 2학년이 되면서 전교 부회장이 되고 싶은 마음이 있었지만, 아는 선배가 없었기에 마음속으로 포기를 하고 있었다. 그런데 선거 공고가 나자 태은이를 찾는 선배가 두 명이나 있었다. 태은이가 반장의 자격으로 참석했던 학생회의 때 보여준 예의 바른 태도와 열심히 하는 자세를 눈여겨본 선배들이 부회장 자리를 제안한 것이었다.

태은이는 찾아온 선배 중 착하고 성실해 보였던 선배의 부회장으로 선거에 나갔고, 결과는 당선이었다. 그리고 부회장을 하는 동안 선배들 말을 하늘같이 받들면서 열심히 했다. 나한테는 반말을 하는 아이가 선배들한테는 극존칭까지 써가면서, 어떻게 하면 회장의 일을 잘 도울 수 있을까 고민하고 누구보다 부지런히 움직였다. 그런 노력이 다른 아이들에게 인정을 받았고, 그 인정을 바탕으로 3학년 때는 전교회장까지 맡을 수 있었다.

태은이가 전교회장을 맡았을 때는 꼭 시험기간 전후에 학교 행사가 겹치곤 했다. 다른 임원들은 자기 시험공부 적당히 하면서 행사를 진행하는데, 태은이는 학교 행사가 무조건 우선이라 시험공부를 제대로 못할 때가 많았다. 수업을 빼먹고 준비하는 것은 기본이었다. 가을 축제를 준비할 때는 나한테는 말도 없이 일주일이나 수업에 들어가지 않았을 정도였다. 특목고를 준비하던 부회장이 수업시간만 되면 착실하게 수업에 들어가는 바람에 그 일까지 태은이가 맡아 하곤 했다.

"태은아, 그렇게까지 열심히 해야 해? 부회장 봐. 자기 공부할 것 다 해 가면서 하잖아?"

"엄마, 회장이면, 그 자리에 맞는 책임감이 따르는 거야. 내 공부해야 한 다고 회장으로서 해야 할 일을 소홀히 할 수는 없지 않아?"

시험기간이라 조바심을 내며 간섭을 할라치면 태은이가 한결같이 하던 말이다. 내가 말한다고 듣는 아이가 아니니 그냥 지켜볼 수밖에 없었지만, 학교 행사가 다가올 때마다 나는 걱정스러운 마음이 가득했다. 행사 치 르고 나서 일주일 동안 앓아눕는 아이를 보면서 가슴을 친 적도 한두 번 이 아니었다. 행사를 끝낼 때마다 이렇게 열심히 하는 회장은 처음 봤다 는 칭찬을 받았지만, 그렇게 반갑지만은 않았다고 솔직하게 말해야겠다.

학생회장직을 마무리하고 후배에게 물려줄 때도 며칠에 걸쳐 행사 하 나 진행할 때마다 회장이 해야 할 역할, 임원이 해야 할 역할을 꼼꼼하게 기록해서 물려주는 걸 보고 나는 혀를 내둘렀다. 해가 저물도록 학교에서 나오지 않는 아이를 기다리면서 '태은이는 이런 아이구나, 이제는 인정을 해줘야겠구나' 하며 마음을 다잡았던 기억이 선명하다.

둘째 역시 언니처럼 초등학교 1학년부터 5학년인 현재까지 매년 반장을 맡고 있으며, 지금은 전교 부회장이다. 둘째의 별명은 부담임이다. 체격도 큰 편이라 또래 아이들과 함께 있으면 마치 어른처럼 보이는데다 반 친구 들을 언니처럼 보듬어주는 게 특기다. 그러다 보니 아이들이 태윤이 말을 참 잘 따른다. 남학생들도 친구와 싸우면 태윤이 옆에서 울다 갈 정도다.

그러면 태윤이는 토닥토닥해준단다. 이렇게 아이들을 잘 챙긴다고 해서 학교 선생님이 지어주신 별명이 부담임이다. 태윤이의 생활통지표 평가란에는 언제나 리더십이 뛰어나다는 말이 빠지지 않는다.

학교생활이 늘 1순위인 아이들

아이로 하여금 학교를 전적으로 믿게 하려면, 엄마가 진심으로 학교를 믿어야 한다. 나는 사교육을 시키지 않았기에 믿는 것은 공교육밖에 없었다. 아이들이 스스로 공부하게 하려면 학교의 교육과정을 성실하게 따라가는 것이 최선의 방법이다.

초등학교 입학할 때부터 우리 아이들에게 학교는 최고의 놀이터였다. 나는 아이들이 초등학교부터 고등학교 입학할 때까지 입학할 즈음이 되면 손을 잡고 학교 운동장을 한 바퀴 천천히 도는 의식을 치르곤 했다. 저녁 나들이 겸 학교 운동장으로 데려가서 "여기가 네가 다닐 학교란다. 우리 딸이 이 학교를 얼마나 크게 빛낼지 엄마는 정말 기대된다"라는 말을 하면서 학교에 대한 기대감을 아이 마음속에 꽉 채워주는 일부터 했다.

입학식을 하고 나면, 학교에서 보내는 하루하루를 기대에 가득 찬 눈으로 지켜보았다. 아이들은 학교에서 돌아오면 그날 겪은 재미있는 일을 이야기하느라 바빴고, 나는 웃으면서 하염없이 들어주는 것이 일상이었다. 태은이는 지금도 학교에서 일어나는 일들은 모두 내게 조잘대며 이야기하는 것으로 스트레스를 풀 정도다.

아이가 학교에서 받아오는 숙제는 세상에서 가장 중요한 일처럼 대했고, 그 중요한 일을 정성을 다해 할 수 있도록 도와주었다.

학교에서 하는 행사엔 무조건 참여할 수 있게 격려해주었더니, 아이들은 무슨 행사든 학교에서 하는 것이라면 일단 적극적으로 참여하는 걸 습관처럼 받아들였다.

큰애가 초등학교 1학년 때 참여했던 통일웅변대회가 생각난다. 웅변이라고는 해본 적도 없는 아이가, 손을 번쩍 들어 참여하겠다고 했던 거다. 당연히 나는 잘했다고 격려해주었고, 태은이는 열심히 준비해서 참여했다. 조막만 한 손을 치켜들면서 "이 연사 힘차게 외칩니다!" 했던 아이의 모습이 지금도 눈에 선하게 그려진다.

아이는 이렇게 아무리 낯설고 경험 없는 일이라도 학교에서 하는 일이라면 무조건 최선을 다해 참여하는 것이 학생의 본분이라고 믿는다.

한 학기가 끝날 때 쯤 학교에서 새로운 교과서를 받아오면 우리 집 아이들은 정말 재밌는 소설책을 읽듯 교과서를 읽는다. 얼마나 설레며 읽는지, 그 모습이 그렇게 흐뭇할 수가 없다.

교과서를 이렇게 아껴가면서 읽다 보니 다가올 새학기를 기대에 차서 기다리게 되고, 그렇게 기다리다 새학기를 맞으면 즐겁게 만끽하게 되는 거였다. 만약 우리 아이들이 학원을 다니면서 학교에서 배워야 할 온갖 공부들을 미리 선행을 했다면 이런 설렘을 맛보지 못했을 거다. 아이들은 그렇게 학교 공부에 집중할 수 있도록 에너지를 최대한 모아냈다.

아이들이 다니는 학교에서는 매년 참여수업이라는 것을 한다. 큰애든 둘째든 그 아이들이 공부하는 교실에 가서 보면 감탄이 절로 나오곤 했다.

꼿꼿하게 세운 등, 가지런히 책상 위에 올려둔 손, 반듯하게 펴져있는 교과서와 노트, 선생님의 질문이 나올 때마다 조심스럽지만 적극적인 자세로 들어 올리는 손, 다른 아이들이 답하지 못할 때 더 적극적인 손⋯⋯. 뒤에서 지켜만 봐도 아이들이 얼마나 선생님의 이야기에 집중하는지 다 보일 정도였다.

그런 자세로 공부를 하니, 학교 공부가 즐거울 수밖에 없었던 거였다.

태윤이는 언니와 달리 집에서는 공부를 거의 하지 않는다. 시험 칠 때도 하루 전에 교과서 한 번 읽어보고 가는 게 전부다. 그래도 신기하게 시험 점수는 잘 받아 온다. 비결을 물으면 태윤이는 이런 대답을 한다.

"엄마, 공부는 수업시간에 집중해서 듣는 것으로도 충분해"

"중학교 올라가면 통하지 않을 말이라는 것은 기억해둬라. 수학과 영어는 집에서 성실하게 해야 잘할 수 있는 거다"

엄마인 나는 또 이렇게 걱정스러운 잔소리를 하지만 이제 5학년인 태윤이의 말이 지금은 틀린 말이 아니라는 것은 안다. 그래서 필요가 생기면 스스로 하자고 덤빌 때가 오겠지. 하는 여유로운 마음이 둘째에게는 가능하다.

책읽기를 좋아하는
아이들

두 아이 모두 책읽기를 아주 좋아하고 많이 읽는다. 다른 것은 몰라도 책읽기를 좋아하는 아이로 키우고 싶다는 생각은 아이들이 어렸을 적부터 확고했다. 내가 책을 통해 성장해왔고, 책이 내 삶의 많은 가능성들을 열어주었기 때문에 책 읽는 아이들은 스스로 살아갈 저력을 갖춰갈 거라는 믿음이 있었다.

태은이가 어렸을 때부터 유치원에 들어가 읽기 독립을 해서 스스로 읽을 수 있게 될 때까지 늘 무릎에 앉혀두고 책을 읽어주곤 했다. 저녁 먹고 나면 설거지하는 시간까지 아까워하며 읽어주던 기억이 난다. 태은이와 나는 매일 서재에서 함께 책 읽는 것이 일상이었다. 의무로서 하는 일이 아니라 그 시간들이 참 행복했다. 같이 보내는 시간이 많다 보니 모녀 관계가 아주 각별해지는 것은 덤이었다.

태윤이는 태어나면서부터 사방이 책인 집에서 날마다 책을 읽고 있는 언니와 엄마를 보면서 큰 아이라 그냥 자연스럽게 책읽기를 좋아하게 되었다. 아기였을 때도 포대기에 싼 채 서점에 데려가서 하루 종일 있는 날이 많았는데, 그러면서 한글도 떼고, 어느새 책읽기를 즐기는 아이가 되었다. 책을 많이 읽다 보니 아이들은 이해력이 좋다. 학원에 다니지 않고 스스로 공부할 수 있는 저력도 책읽기에서 나온다고 나는 믿는다.

초등학교 5학년인 태윤이는 영어학원만 다닌다. 언니처럼 매일 공부하는 성실성은 보여주지 않지만 그래도 걱정이 하나도 안 되는 이유는 태윤이가 책을 아주 많이 읽기 때문이다. 언제든 마음이 내키면 하겠지 싶기도 하고, 설사 공부를 안 해도 자기 재능 찾아 잘 살아가려니 하는 믿음이 있다. 모두 책을 깊이 있게 읽어내는 것에 대한 믿음이다.

아이들의 책읽기에 관해 언젠가 '잠수네커가는아이들'이라는 사이트에 내가 올린 글을 잠시 옮겨본다. '우리 아이는 어떻게 책읽기를 좋아하게 되었나'라는 글이다.

'책 좋아하는 아이로 키우려면 엄마가 먼저 책을 읽어라' 하잖아요? 정말 맞는 말입니다. 책을 통한 변화의 경험을 가진 사람들은 책을 보지 않을 수가 없어요. 저 또한 그런 경험이 있지요.
어렸을 땐 정말 시골이라 책이 귀했어요. 책이란 걸 대학교 들어가서 본격적으로 읽었는데요, 그때 읽었던 책들로 인해 제 인생이 다른 방향을 가질 수 있었다고 생각합니다. 그리고 대학원 논문 쓰기까지 3년 동안 읽었던 많은 전문서적 덕분에 특별한 트레이닝 과정 없이도 학술논문을 쉽게 쓸 수가 있었지요. 이런 과정들을 통해서 책이란 것에 대한 절대적인 믿음을 가지게 되었습니다.

저는 정말 책 읽는 사람들의 미래를 강하게 믿습니다. 저는 그래서 항상 책을 읽습니다. 놀이터에 나가도 아이들 노는 동안 벤치에 앉아 잡지든 신문이든 읽죠. 이런 저의 자세가 아이들에게 분명한 영향을 끼쳤다고 생각합니다.

혹시 아이가 책을 읽지 않아 고민인 분이 계시면 먼저 책을 읽기를 즐겨 보시길 권합니다. 말랑말랑한 에세이도 좋고 교육 관련 서적도 좋고 신문도 좋구요. 진정으로 즐기면서 몰입하는 모습을 보여주면 아이들은 엄마의 모습을 따라하게 되어 있답니다.

제가 아이에게 처음 읽어준 책은 《사과가 쿵》입니다. 사실 저는 18개월이 될 때까지 아이에게 책을 읽어준다는 생각을 못했습니다. 그냥 제 책만 읽을 줄 알았지요. 그런데 선배가 자기 아이한테 단행본을 읽어준다는 말을 하더라고요. 그래서 저도 선배 따라 《사과가 쿵》,《달님 안녕》 등의 책을 사서 읽어주기 시작했지요. 정말 아이가 너무 좋아했어요. 좋아하니 자꾸 읽어주게 되고, 자꾸 읽어주니 책이 점점 늘어나고, 책이 점점 늘어나니 저도 점점 많이 읽어주게 되고 그랬어요.

뭐 특별한 교육적인 소신을 갖고 한 일이 전혀 아니었습니다. 그냥 아이도 즐겁고 저도 즐겁고 특별히 해줄 수 있는 일이 이것말고는 없더라고요.

아이 아빠는 아이랑 전쟁놀이, 숨기 놀이, 귀신놀이 뭐 이런 것으로 잘 놀아주는데 저는 별로 흥미가 가지 않더라고요. 그래서 자연스럽게 저는 책 읽어주기, 남편은 몸으로 흠씬 놀아주기가 되더군요.

우리 집에는 장난감이 없습니다. 여자아이들이 갖고 노는 인형이나 소꿉놀이 뭐 이런 장난감은 거의 사주지 않았습니다. 그럼에도 아이들은 지금까지 심심하다는 말을 해본 적이 없어요. 큰애는 둘째가 태어나기 전 다섯 살까지 혼자 있어도 심심해하질 않았어요. 뭐든 손으로 오리고 잘라 꼼지락꼼지락 만들고, 역할놀이도 하고 책도 읽고……. 혼자 노는 방법을 터득하고 즐겁게 노는 게 몸에 익었답니다. 지금도 친구들이랑 모이면 무슨 놀이든 자신이 개발(?)해서 논답니다.

우리 집의 경우지만, 장난감이 없는 환경이 책을 더 많이 읽게 한 것이라는 생각도 됩니다. 얼마 전에 '장난감 다 버려라(?)' 이런 류의 책이 나온 걸로 아는데요, 아이들의 장난감이 가진 유해성은 한 번쯤 생각을 해봐야 할 것 같습니다.

아이가 유치원을 가고부터는 욕심을 조금씩 부리기 시작했습니다. 읽어주고 싶은 책이 더 많아지면서 분야별로 한꺼번에 책을 구입하기도 하고 전집 대여 사이트를 통해 사지 못한 전집들을 빌려서 쌓아놓고 읽어주기도 했습니다. 이때도 독후활동 같은 것은 하지 않고, 그냥 즐겁게 읽어주기만 했습니다. 《성냥팔이 소녀》 읽어주다 함께 울었던 기억은 지금도 선명하네요. 주변 아이들이 유치원 때부터 미술학원이다 뭐다 다니기 시작하는데, 저는 아이가 집에서 저랑 뒹굴 수 있는 시간을 많이 주려고 노력했어요.

아이가 크면서 할 일이 점점 많아지니까 시간도 부족하게 됩니다. 이때부터는 자투리 시간을 효율적으로 이용할 수 있는 방법을 가르쳤습니다. 요것도 표 나지 않게 은밀하게요. 책은 토막 난 시간 속에서도 읽을 수 있다는 것을 보여주려고 노력했지요. 병원 진료를 갈 때나 관공서에 갈 때도 책을 꼭 챙겨가서 기다리는 동안 읽었어요. 그러니까 어느 순간부터는 제 스스로 알아서 그렇게 하더라고요.

둘째가 자주 넘어져 응급실을 많이 갔는데, 둘째가 넘어져서 머리에 피가 난다 그러면 큰애는 먼저 책부터 한 권 꺼내 들고 "엄마 응급실 가야겠네요" 하면서 신발을 신었답니다. 그러고는 응급실 구석에서 책을 읽으며 기다렸죠. 식당을 갈 때도 색종이와 가위, 책 따위를 챙겨가서 한쪽에서 꼼지락거렸어요.

유치원 졸업할 때까지는 한가하게 책 읽을 시간이 많았는데 초등학교 들어가니까 시간이 많이 없어졌어요. 학원이라고는 피아노 학원 하나 다니는데, 그래도 함께 뒹굴 수 있는 시간이 많이 없어요. 이때부터는 제가 좀 더 적극적인 노력을 기울였답니다.

일단 동네 마실 다니는 것을 포기했어요. 가끔 동네 친구들 만나 놀면 좋잖아요? 그 재미를 포기한 거죠. 그러니 자연스럽게 우리 집에 놀러오는 동네 아줌마들도 줄어들고요. 아이의 책 읽는 시간을 지켜주기 위해 제 삶의 재미 정도는 가뿐하게 포기했다는 것, 칭찬받고 싶어요. 식기세척 기도 샀어요. 저녁에 잠자기까지 아이랑 어울릴 수 있는 시간은 3시간. 그 시간의 반을 설거지나 청소에 쓰고 싶지는 않더라고요. 그래서 기계의 도움을 확실하게 받았습니다.

지금은 아니지만 한때는 남편이 아침밥을 했어요. 아침에 밥하는 시간이 참 아깝고 길더라고요. 그래서 남편한테 아침밥 하라고 하고 저는 아이랑 이불 속에서 책 읽으며 아침을 보냈습니다. 우리 둘째가 유일하게 자는 시간이라 엄청 조용했답니다. 이 황금시간을 그냥 밥하는 데 쓰기 싫어서 남편과 합의를 했던 것이지요.

서점에도 정말 자주 갑니다. 가까운 거리에 대형서점이 있어 저녁 먹고 바람 쐬러 일주일에 두 번 정도는 갑니다. 가면 정말 많이 읽고 옵니다. 서점이 놀이터입니다. 이젠 직원들이 "어머, 살이 많이 빠지셨네요" 하는 인사를 먼저 할 정도입니다. 저녁에 갈 때는 일기장도 챙겨갑니다. 일기까지 쓰고 한가롭게 시간을 보내다 오는 거죠. 우리 집의 저녁풍경은 이렇습니다.

텔레비전을 보지 않으니 저녁상을 물리면 저는 조용히 커피 한 잔을 타서 서재로 들어갑니다. 책을 보고 있으면 첫째와 둘째가 들어옵니다. 커다란 탁자에 둘러앉아 저마다 책을 보다가 장난도 치다가 하다 보면 우리 남편은 조용하지요. 안방에서 혼자 조용히 드라마를 보고 있는 거랍니다.

아이에게 책 이야기도 많이 해줍니다.

이런이런 책을 읽었는데 너무 감동적이더라. 엄마 젊었을 때 이런 책을 읽었는데, 그 책 읽고 꿈이 생겼단다. 네가 크면 꼭 물려주마, 읽어봐라.

뭐 이런 식의 이야기를 알아듣든 못 알아듣든 진지하게 해줍니다. 신문에 난 좋은 책 소개는 꼭 스크랩해서 보여주고요, 이런 소소한 노력들이 아이에게 동기부여가 되는 듯싶어요.

저는 책읽기를 통해서 '아이가 공부를 잘했으면 좋겠다' 같은 목표를 갖고 있지 않아요. 그냥 책 속에 길이 있다는 평범한 진리를 알아가기만 바랄 뿐이죠. 책 읽는 사람만이 가지는 평온한 표정을 우리 아이도 가지면 좋겠어요. 그런 마음으로 저는 책을 읽고 아이도 책을 읽습니다.

초등학교에서 중학교까지 책읽기에 위기가 올 때의 대처법에 대해 조언했던 글도 그대로 옮겨본다.

어렸을 때부터 책읽기에 공을 들여온 집이라도 두어 번의 위기는 오는 것 같습니다.

첫 번째 위기는 아이가 고학년이 되는 시점이 아닌가 싶네요. 어렸을 때 읽었던 전집들이 시들해지고 재밌는 책을 적극적으로 찾는 시기가 바로 이때죠. 그런데 많은 부모님들이 이때 소홀해지기 쉬워요. 수학이나 영어 학원 등 슬슬 학습적인 욕심을 부리는 시기라 책읽기에 조금씩 손을 놓기도 하고요. 게다가 이때 읽을 만한 재밌는 전집이 별로 없다는 것도 이유 중 하나일 것입니다. 저학년 때는 군이 단행본으로 골라주는 수고를 하지 않아도 전집으로 많이 나오잖아요? 그런데 고학년에는 통하지 않죠. 재밌는 전집 대신 학습 전집만 가득하니 아이들이 책읽기가 싫어지는 게 당연하죠. 이때가 바로 본격적으로 재밌는 단행본들을 골라줘야 하는 때라는 거죠.

이걸 잘하신 집 아이들이 책읽기를 즐기게 되는 것 같아요. 이 고비를 어떻게 넘기느냐 하는 것은 순전히 엄마의 노력에 있다고 저는 생각합니다.

저는 이 시기에 참 많은 창작 단행본들을 골라줬던 것 같아요. 다행히 제가 고른 책들은 아이가 다 재밌게 읽었고요.

두 번째 위기는 중학교 올라가는 시점이 아닐까 합니다. 이때는 정말 많은 엄마들이 불안해하는 시기지요. 중학 수학 입문기이기도 해서 수학 하나만 신경 쓰기에도 벅차잖아요. 그러면서 책읽기에도 슬슬 욕심이 부려지는 시기죠. 배경지식을 늘려주는 논픽션도 읽어야 하고, 지식 관련 책을 집중적으로 읽어야 할 시기가 아닌가 싶어지는 거죠. 시간도 많이 부족하고요.

겪어보니 진짜 시간이 없더라고요. 아이 스스로 책읽기를 엄청 좋아해서 짬짬이 읽어내지 않는 한 책읽기가 정말 쉽지 않지요. 초등 때 책읽기에 공을 들여야 하는 이유가 바로 이것이기도 합니다. 무엇보다 책읽기를 즐기게 되면 시간이 없어서 책을 못 읽는다는 고민은 적어도 없을 것 같아요. 저는 군이 논픽션 책은 읽지 않아도 된다는 편이에요. 인문학적 상상력을 넓히는 것은 이야기가 살아있는 책들을 통해서고, 이해력을 키워주는 것은 창작을 통해서거든요. 책을 많이 읽는 게 학습에 도움이 된다는 것은 배경지식 때문이 아니라 이해력과 자료 독해력에 도움이 된다는 말이라고 저는 생각해요.

진짜 겪어보니 아이가 책을 많이 읽으니까 중학 때 여러 과목들에 대한 이해가 참 빨라지더라고요.

제 임의대로 책읽기에 위기가 오는 시기를 두 부분으로 나눠봤습니다만, 사실 위기는 늘 올 수 있는 거죠. 그럴 때마다 엄마들이 해야 할 일은 오로지 재밌는 책을 찾고 또 찾는 것, 포기하지 않고 아이에게 책읽기의 기쁨을 알려주도록 노력하는 거라고 저는 생각합니다.

딸이어서 더 당당한
아이들

"엄마, 나는 의사가 되고 싶은데 선생님이 여자는 간호사를 해야 된대."

"그런 게 어딨대? 우리 동네에 여자 의사 선생님들이 얼마나 많은데?"

"맞아. 어제 주사 맞았던 가정의원도 여자 선생님이었지."

"선생님이 간호사 하라 해서 속상했어?"

"응. 내일 가서 의사하고 싶다고 말할래."

"엄마, 국어선생님이 정말 어이없는 말씀을 하셨다."

"무슨 말씀을 하셨는데?"

"수업시간에 나한테 꿈이 뭐냐고 물으시더라고. 나는 의사가 되고 싶다고 했지. 그랬더니 선생님이 뭐라시는지 알아?"

"글쎄?"

"열심히 공부해서 의사가 되는 것보다 성형 수술해서 의사 사모님 되는 게 훨씬 성공한 삶이래. 정말 혈이지 않아?"

"너는 아무 말도 안 하고 듣고만 있었어?"

"그럴 리가! '저는 공부 열심히 해서 의사가 되겠습니다' 그랬지."

태은이가 유치원 때나 중학생이 되었을 때나 이런 선생님들은 꼭 계셨다. "선생님들, 저는 딸이라고 해서 그렇게 키우지 않았습니다!"라고 말하고 싶을 만큼 답답한 마음이다. 태은이는 이런 성별 고정관념을 비판할 수 있는 능력을 가진 아이라 다행이지만, 다른 아이들이 선생님의 얘기를 듣고 자기 꿈을 '여자니까'라는 한계 안에 가두지나 않을까 걱정스럽다.

우리 집에서는 여자니까, 남자니까 이런 말은 하지 않는다. 엄마가 할 일, 아빠가 할 일이 따로 있지도 않다. 집안일을 자기 일처럼 당연하게 하는 아빠를 보고 자랐고, 강사로서 인정받는 엄마의 모습을 자랑스러워하며 커왔다. 아이들은 아빠를 글 쓰고 있는 엄마가 방치해놓은 설거지를 웃으며 치워주는, 세상에서 제일 멋진 남자로 본다. 남자니까 혹은 여자니까 이래야 한다, 저래야 한다는 한계에 갇혀 있는 모습은 적어도 엄마, 아빠한테서는 보지 않는다는 뜻이다.

남편이 장손이라 아들 욕심이 있을 법도 하지만 시부모님도 우리 아이들이 딸이라서 서운해하신 적은 없었다. 오히려 아버님께서는 앞으로는 여자들의 시대라고 훨씬 당당하고 멋지게 자랄 것을 아이들한테 부탁하고, 집안의 중요한 행사 때는 꼭 태은이를 중심에 세워주시는 것으로 격려하신다. 제사 때 태은이에게 축을 읽게 하거나 가족들이 모일 때 사회를 보게 하는 방식으로 집안의 장손임을 늘 자랑스럽게 세워주셨다.

이런 환경에서 자란 태은이와 태윤이는 여자라서 해서 안 되는 일이 있고, 여자라서 보호받을 수 있다는 생각 자체를 하지 않는다. 삶은 오로지 자기가 짊어지고 가는 것이지 남자에게 의존하는 것이 아님을 확실하게 알고 있다.

태은이는 치마를 짧게 줄여 입거나 화장을 하고 다니지 않는다. 태윤이는 늘 운동복 바지에 검정 티셔츠다. 요즘 아이들에게서 보이는 여성적인 옷차림과는 아주 거리가 멀다. 텔레비전에 나오는 걸그룹의 노래는 즐겁게 들어도 그들의 옷차림과 안무가 성적으로 대상화되어 있음을 비판할 줄 안다. 걸그룹의 외모를 선망하거나 흉내 내는 일은 우리 아이들의 관심사가 아니다. 드라마 속 여자 주인공이 왜 남자 주인공을 위해 자신의 일을 포기하는지 이상하게 여긴다. 여자든 남자든 자신의 일은 가져야 하는 것이 삶의 기본임을 아는 아이들에게는 이해할 수 없는 장면인 것이다. 요즘 문제가 되고 있는 김치녀, 된장녀 등의 여성 혐오 현상에도 발끈할 줄 안다. 김치녀, 된장녀가 문제가 아니라 그렇게 언어로서 여성의 존재를 비하하는 남성중심적인 시각이 문제임을 이해한다는 뜻이다.

딸이라서, 여성이라서 스스로를 더 자랑스럽게 여기는 아이들이다. 여성다움, 남성다움이라는 틀에 자신을 맞추기보다 '자기다움'을 최고의 가치로 알고, 딱 자기답게 살아가는 일이 제일 멋진 일임을 말할 줄 아는 아이들이다.

사랑을 나눌 줄 아는 아이들

"엄마, 나는 정말 세상 사람들이 다 행복했으면 좋겠어. 아프지 않고 힘들지 않고 모두가 행복하게 살 수는 없을까?"

"우리 딸 오지랖도 넓다. 너나 행복하게 살 궁리해라."

"그냥 마음이 그렇다는 거지. 아무리 나쁜 범죄자도 잘 들여다보면 그 사람만의 잘못이 아닌 것 같아서 연민이 생겨."

"그러니까 사회에 영향력 있는 사람이 되어야 하는 거야. 그런 사람들한테 도움이 되려면 말야."

"또, 공부 열심히 하라는 말이구나. 엄마는 늘 기승전공부야."

"그래도 1등 하라는 말은 아닌 거 알지?"

얼마 전에 고등학교 1학년 큰아이와 나눈 대화다. 말은 이렇게 했지만 내심 흐뭇했다. 큰아이는 이런 이야기를 자주 하는데, 늘 눈이 촉촉한 걸

보면 진심이 느껴진다. 아이 마음에 사랑이 넘치는구나, 영혼이 맑구나 하는 안도감이 든다. 이것이면 충분하다. 명문대 못 가면 어떻고 공부 못하면 어때? 이렇게 사랑이 넘치는 아이면 충분하지 하는 든든한 마음에 배가 부르다.

태은이 반에는 '태국사모'라는 공부 동아리가 있다. '태은이와 국어를 사랑하는 모임'이라는 뜻이다. 국어를 너무 사랑하는 태은이와 친구 몇몇이 모여서 국어공부를 함께하는 모임이다. 태은이는 이 아이들에게 국어를 가르쳐주고, 시험기간에는 국어 시험공부를 도와준다. 그 과정을 얼마나 즐겁게 하는지 모른다.

한창 공부해야 하는 시험 며칠 전, 태은이는 밤새 아이들에게 줄 국어 문법을 정리해서 파일로 만들었다. 엄마인 내가 곁에서 지켜보기에는 좀 답답하다. 굳이 안 해도 될 일을 하고 있는 것 같아서 말이다. 그런데 이렇게 열과 성을 다하더니 애들의 국어 성적이 정말 눈에 띄게 올랐다. 태은이는 자기 일처럼 기뻐서 폴짝폴짝 뛰었다. 자기 국어 성적이 한 등급이나 떨어졌는데도 말이다.

하루는 아이가 자기 메일을 열어서 인쇄를 해달라고 부탁한 일이 있었다. 아이가 부탁한 자료를 인쇄하려다 친구들과 주고받은 메일을 보게 되었는데, 태은이와 친구들의 허락을 받아 여기에 옮겨본다.

태은이의 편지

사랑하는 친구들아.

지금 시간은 오전 5시 2분이야. 내가 문법이랑 가만히도 해주려고 했는데, '핫식스'의 힘은 여기까지인가 봐.

최대한 열심히 했으니깐 너희가 행복하게 최대한 열심히 공부해주면 내가 행복할 거야!

너희 공부하는 데 도움이 되었으면 좋겠다. ㅎㅎ

리얼모의고사랑 씨뮬 정리한 거고! 너희가 정리한 거 보면서 공부할 때 내 것 참고해!

내가 1000000000퍼센트 혼자 한 거여서 혹시 빠진 부분이나 잘못된 부분 있을 수도 있어. 그러니깐 내 것만 보고 공부하면 안 된다!! 모의고사에 나온 문제 오답 정리해보고 풀기~~♥

주말 동안 열공하고 만나요 친구들!!!

알겠지? 사랑해 친구들!

친구 1의 답장

태은 천사님!! 진짜 진짜 감동이고 고마워.

네가 알려준 대로 공부하고 문제를 풀어보니깐 정리도 되고 모르는 부분을 알 수 있어서 너무 좋은 것 같아!!!

그런데 모르는 문제가 몇 가지 있어~ 혹시 답이 있으면 보내줄 수 있을까??

일일이 문자로 물어보면 네가 공부할 시간이 없을 것 같아서. ㅠㅠ

보내준 파일 잘 쓸게!!! 고마워!!!

(근데 진짜 고퀄 bb짱!!!)

열공해! 태은이 파이팅!!

친구 2의 답장

아무리 생각해봐도 태은이는 대천사야 대천사.

너무너무 너무너무너무 너무너무 고마워 태은아.

항상 열심히 하는데 남은 시간도 열심히 공부하고 조금만 더 힘내고

이번에도 시험 꼭 잘 봐 태은아.

내가 응원할게.

친구 3의 답장

태은아 진짜 넌 내 친구 중에 가장 멋있는 친구야.

다른 사람을 제일 생각해주고 그렇게 열심히 해주는 친구는 네가 최고

인 것 같아.

너무 멋있다. 나도 너 같은 사람이 될 테야.

열심히 국어 공부할게요~~♡♡

태으니두 수학공부 열심히 해서 우리 같이 1등급! ♡아니 난 2등급이

면 만족.ㅋ

어쨌든 진짜 고맙고 국어 진짜 열심히 할게!!! 파이팅!!

태은이 친구들이 보낸 메일을 읽고, 나는 아이를 인정하게 되었다. 자기 공부 영악하게 챙기는 데는 서툴러도 친구들과 따뜻하게 나눌 수 있는 아이여서 다행이다 싶었다.

시험 성적 좀 떨어지면 어때. 이렇게 좋은 친구들과 사랑을 나눌 줄 아는 아이인데…… 성적 1등급보다 성격 1등급인 아이인 게 훨씬 더 좋은 일이지, 하며 크게 웃을 수 있었다.

제2부 아이를 빛나게 하는 사랑의 실천 비법들

제2부

아이를 빛나게 하는
사랑의 실천 비법들

나는 이 소녀가 무척 고맙습니다.
이 아이에게 어떤 특별한 구석이나 매력이 있는 것 같지는 않습니다.

〈중략〉

하지만 자연과 그 불변의 진리인
신께서는 이 보잘것없는 아이를 통해 말씀하십니다.
길가에 자라난 초라한 풀나무를 통해 이야기하시듯이
고맙다 아이야. 지금 네 모습이
평범한 너의 모습이

_아누쉬 코르착 《어떻게 아이들을 사랑해야 하는가》 중에서

부모라면 '사랑하는 것'을
선택해야 한다.

"윤아, 그 책 어렵지 않아?"

"아니, 글을 정말 잘 써서 마음이 뭉클해지는데?"

"어떤 부분 읽는데?"

"자기 처지가 떳떳하지 못해서 부모님 사는 집에 못 들어가고 지하철 화장실에서 밤 새려고 했던 대목."

"그 작가 진짜 글 잘 쓰지? 엄마는 정말 멋지더라."

"나는 지방대 강사는 힘들겠구나. 더 좋은 데 취직해야겠다는 생각을 했어."

"윤아, 대기업에서 한 달에 천만 원 정도 받는 사람은 자기가 원하는 대로 살고 있을까?"

"엄마가 무슨 말하려는지 알겠다. 돈을 많이 버는 게 중요한 게 아니라 자기 삶의 주인이 되는 게 중요하다는 말이지??

"역시 우리 윤이다. 엄마는 이 책 저자가 정말 멋졌다. 자기 삶의 주인으로 당당하잖아. 거기에다 자기 이야기를 쓸 수 있는 언어를 가지고 있어서 부러웠어."

"오, 우리 엄마 좀 멋진데!!"

초등학교 5학년인 둘째아이 태윤이와 나눈 대화다. 《나는 지방대 시간강사다》라는 책을 함께 읽고 삶의 주인으로 살아가는 일이 얼마나 중요한지 이야기를 나눌 수 있다는 사실에 마음이 뿌듯했다. 또래보다 인식의 수준이 높은 편이라 대화하는 재미가 참 쏠쏠하다. 나는 고민이 있을 때 태윤이한테 잘 털어놓는 편인데, 그럴 때마다 태윤이는 의젓하게 내가 보지 못하는 부분을 볼 수 있게 도와준다.

교육현장에서 강의를 할 때, 또는 아이의 부모로서 이웃 사람이나 학교 선생님을 만날 때 가끔 아이들을 어떻게 키웠느냐는 질문을 받곤 하는데 "아이를 충분히 사랑하면서 키웠어요"라는 답밖에 달리 할 말이 없다. "수학공부를 이렇게 저렇게 시켜서 지금 1등급이에요. 영어는 어릴 때부터 이런저런 방법으로 가르쳤더니 원어민 수준이네요. 명문대 보내려면 어렸을 때부터 이 정도는 해야 해요." 이런 류의 확실한 답을 듣고 싶어 한다는 사실을 잘 알고 있지만, 그건 '공부 잘하는 아이'를 만들고 싶은 부모가 듣고 싶은 답이지 '스스로 하는 아이'로 키우고 싶은 부모에게는 맞지 않는 답이다.

부모가 자기 삶을 사랑하고 그 사랑을 아이의 삶까지 연결시켜 충분히 표현하는 것만큼 절실한 부모 역할은 어디에도 없다. 서울에 살든 지방에 살든 '아이를 충분하게 사랑하는 것'을 최우선으로 해야 한다.

사랑은 부모가 능력이 있든 없든, 돈이 많든 적든, 물려줄 명예와 지위가 있든 없든 아무 상관이 없다. 그저 부모의 마음만 있으면 언제 어디서든 실천할 수 있다. 아이를 사랑하는 일은 사회적 성공을 거둔 부모라서 더 잘할 수 있는 건 아니다.

앞으로 소개할 다양한 사랑의 비법들은 아이들이 어렸을 때부터 내가 실천했던 것들이다. 행동으로 보여줬던 사랑의 마음은 아이들의 자존감을 단단하게 만들어줬고 그 자존감은 스스로 살아갈 수 있는 힘의 중심이 되어줬다. 아이를 사랑한다는 의미 안에는 일상적인 생활 안에서 아이 자존감을 키워주는 다양한 사랑의 실천들부터 아이 삶의 저력을 키워주는 습관을 익히는 일까지 포함한다.

사랑은 일상적인 실천 행위여야 한다

사랑하는 마음을 어떻게 표현해야 잘 전달될까? 말로 할까? 그윽한 눈빛으로 바라볼까? 안아줄까? 말없이 배려해줄까?

사랑은 관념이 아니다. 철학서 속에 나오는 어려운 정의는 더군다나 아니다. 사랑은 젊은 아이들의 연애만도 아니고 신에 대한 거룩한 신앙만도 아니다. 사랑은 사람들 사이에 흐르는 존경과 신뢰이며, 가까이 있는 자에 대한 감탄과 배려여야 한다. '네가 있는 것 자체가 축복'임을 인정하는 것이 사랑이며, 곁에 있는 사람에게 '살아갈 힘'을 주는 것이 사랑이다.

사랑이 있어야 사람이 산다. 머리끝부터 발끝까지 사람을 변화시키는 힘도 사랑이고, 사람이 사람다울 수 있는 것도 사랑 때문이다. 특히 아이에 대한 사랑은 그 무엇으로도 표현할 수 없을 만큼 중요하다. 세상의 모든 새끼들은 사랑스럽다. 아이가 사랑스러운 이유는 사랑을 받아야 생존할 수 있기 때문이다. 아이가 잉태된 그 순간부터 죽음을 앞둔 그 순간까지 사람은 사랑받고 싶어 한다. 사랑은 실존이고, 존재의 이유다.

사랑을 충분하게 받아야만 사람은 안정적으로 성장해 갈 수 있다. 사랑이 결핍되면 문제가 생긴다. 인격에 손상을 입을 수도 있고 폭력성이 내재화될 수도, 분출될 수도 있다. 사람과의 관계 맺음에 불편함을 겪을 수도 있고, 상실감과 열패감에 자신을 괴롭힐 수도 있다.

그러므로 부모가 해야 할 일 중 가장 중요한 것은 아이를 지극한 마음으로 사랑하는 일이다. 자식을 사랑하지 않는 부모야 없겠지만, 사랑하는 방법을 잘 모르는 부모는 참으로 많다. 입히고 먹이기만 해도 사랑이라고 생각하는 부모가 있고, 폭력적인 방식으로 사랑을 표현하는 부모도 있다. 물질적인 풍요로움을 주는 것을 사랑으로 생각하는 부모도 있고, 사랑은 굳이 표현하지 않아도 되는 것이라 여기는 부모도 있다.

하지만 사랑은 가장 일상적인 방법으로 표현되어야 한다. 손길에서 눈빛에서 말투에서 행동에서 꽃처럼 피어나야 하고, 아이들이 사랑받고 있음을 온몸으로 느낄 수 있어야 한다. 표현되지 않는 사랑은 사랑이 아니다.

사랑은 대단한 것이 아니다. 숨 쉬고 밥 먹고 생활하는 시간 내내 사랑은 물처럼 흘러야 한다. 사는 데 필요한 것은 다 배우면서, 정작 사랑에 대해서는 배우지 않는다. 연구하지 않는다. 내 아이가 어떨 때 사랑을 느끼는지, 행복함을 느끼는지 관찰하지 않는다.

사랑은 관찰을 통해서 줄 수 있는 것이다. 내가 주고 싶은 형태의 사랑이 아니라 상대가 받고 싶은 사랑을 주어야 한다. 내 아이가 무엇을 좋아하는지, 언제 웃음을 터트리는지, 얼굴 표정이 어떨 때 화사해지는지, 관심 있게 바라보아야 알 수 있다.

사랑은 매일의 삶 속에서 표현되어야 한다는 것을 잊어서는 안 된다.

다 큰 아이에게도 사랑은 여전히 유효하다

얼마 전까지 '88만원 세대'라 불리던 20대가 이제는 포기할 것이 너무나 많은 'n포 세대'라고 불린다. 처음에는 연애, 결혼, 출산을 포기하는 3포 세대라고 하더니, '내 집'과 '인간관계'가 추가되어 5포 세대가 되었고, 슬그머니 꿈과 희망의 포기까지 추가되더니 급기야 n포 세대로까지 이어지게 됐다. 우리 사회의 아픈 지점을 정확하게 표현하는 말이라 더 아프게 들린다.

아무리 어려워도 꿈과 희망이 있으면 견뎌지는 법인데, 이 아이들에게는 이것마저 허용되지 않는다니 지금 20대들의 삶이 너무 안타깝다.

어릴 때부터 '좋은 대학'이라는 목표를 향해 열심히 공부해온 아이들, 공부 열심히 하면 성공적인 삶을 살 수 있다는 어른들 말씀을 성실하게 들고 자란 아이들이 지금의 20대다. 지금도 학교에서 열심히 공부하고 있을 내 아이 또래의 고등학생들이 곧 맞이하게 될 미래의 모습이기도 하다. 한창 미래에 대한 설렘과 함께 이런저런 경험을 하고, 좌절도 겪어가면서 성장을 해나가야 할 아이들이 꿈꿀 자유와 희망을 품을 자유마저 박탈당한 채 무기력하게 방치되어 있다.

이런 현실을 진단하는 사람들은 많은데, 손을 뻗어 안아주는 어른들은 드물다. 지금 이 아이들에게 필요한 것은 '진단'이 아니라 따뜻한 격려와 사랑이다. 등록금 대출 상환에 대한 압박감으로, 취업에 대한 절망으로, 미래에 대한 불안감으로 마음이 반 토막나 있을 아이들을 어루만져주는 정성어린 손길이 필요하다. 더 열심히 살라고 채찍질하는 손길을 거두고, 청춘은 아플 수밖에 없으니 더 치열하게 견뎌내라는 가혹한 충고도 거둬야 한다. 그 모든 것이 이 아이들에게는 아픈 상처이자 폭력이다.

20대의 아픈 시기를 건너고 있는 아이의 부모는 더 간절한 사랑을 표현해야 한다. 다 컸으니 강해지라고만 해서는 안 된다. 취업도 채근하지 말고, 천천히 가도 원하는 곳에 갈 수 있다며 손을 잡아줘야 할 때이다. 사회가 보여주지 못하는 미래의 희망을 부모가 사랑의 이름으로 회복시켜줘야 한다.

좌절의 경험이 날마다 되풀이되더라도 삶의 가치를 단단하게 세우고, 일상의 감사를 회복해 갈 수 있도록 곁에서 사랑으로 도와야 한다. 마음속에 꿈과 희망을 품을 수 있도록 격려해야 하며, 사회로부터 받은 상처를 치유해주어야 한다.

부모만이 유일하게 해줄 수 있는 일이다. 부모의 한결같은 사랑이 험한 세상에서 분투하며 살아가는 20대 아이들에게 줄 수 있는 최고의 찬사이고 응원가다. 이렇게 사랑만 보여주어도 아이들은 힘을 내어 자기 생을 뚜벅뚜벅 걸어갈 것이다.

존재에 대한 최고의 예찬
– 안아주기

아이의 몸을 예찬하는 것은 아이의 자존감을 키우는 데 있어 매우 중요한 일이다. 자존감의 시작은 자기 몸에 대한 인식에서 출발하기 때문이다. 아이가 얼마나 위대한 존재인지, 얼마나 소중한 존재인지 느끼게 해주는 가장 좋은 방법은 '안아주기'다.

부모가 많이 안아주면 줄수록 아이는 자신의 몸을 긍정적으로 인식하며, 이 세상을 안전한 곳으로 받아들인다. 부모란 아이가 태어나 처음 만나는 타자이자, 세계 그 자체다. 처음 만나는 타자가 안아주면, 그 아이는 자신의 존재가 온전히 받아들여졌다고 여긴다. 세상에 대한 믿음도 여기에서부터 싹트게 된다.

사랑하면 안고 만지고 싶어진다. 아이는 안아주길 원하고, 많이 안기고 싶어 한다. 세상의 일원으로 인정받고 싶어 한다. 그런 과정을 통해 존재감을 획득해가는 것이 인간의 성장 과정이다. 어디 인간뿐이겠는가? 동물도 제 새끼가 눈을 뜨고 젖을 뗄 때까지 핥아주기를 멈추지 않는다. 품속에 품고, 젖을 먹이고, 체온을 나눠준다.

아이가 크든 어리든 자주 안아주어야 한다. 안아줄 때는 몸을 푹 끌어안아준다. 살과 살이 만나 눌릴 정도로, 배와 배가 포개져서 구분이 가지 않을 정도로, 네가 예뻐 죽겠다는 것을 온몸으로 표현하는 것이다. '온 우주의 좋은 에너지를 다 끌어모아서 너에게 줄게' 하는 마음으로 아이를 안아주어야 한다.

사람의 몸 에너지는 다른 사람에게 건너가면 7년 동안 그 사람의 몸에 머문다고 한다. 안아주기를 통해서 부모의 몸속에 있는 건강한 에너지와 사랑의 기운들을 아이에게 전해주어야 한다. 아이가 학교에 갈 때, 학교에서 돌아올 때, 부모가 외출하거나 돌아왔을 때, 잠깐의 이별 후에 다시 만날 때, 슬플 때, 기쁠 때, 위로가 필요할 때…… 세상에서 가장 편안한 품속으로 아이들을 초대하는 거다.

아이를 안고 있는 동안, 아이의 에너지를 느낄 수 있다. 안아주는 것만으로 위로가 되기도 하고, 감격이 되기도 한다. 온몸으로 전하는 사랑의 언어가 '안아주기'다. 아이를 들어 올려 빙글빙글 돌아도 보고, 뺨에 얼굴을 비벼도 보고, 엉덩이를 토닥거려주는 거다. 다 큰 아이든 어린 아이든 까르르 웃음을 터트릴 것이다.

열일곱 살이나 된 우리집 큰아이도 안아주면 좋아 죽는다. 힘들 때는 저 스스로 찾아와 내 품을 파고든다.

가끔은 다 큰 아이라도 팔베개를 해주고 안고 자기도 한다. 아이의 살을 부드럽게 만져주면서 도란도란 이야기를 나누다 보면 아이는 어느새 편안함을 찾는다. 엄마 몸을 한창 튕겨내는 사춘기 절정의 둘째도 튕겨내는 걸 참고 몇 번 시도를 해보면 못이기는 척 품에 안겨주는 아량을 베풀기도 한다. 겉으로는 툴툴거려도 좋은 거다. 좋아서 입꼬리가 슬쩍 올라가는 거, 안 봐도 안다.

사춘기일수록, 아이가 까칠할수록 더 많이 안아주려고 노력한다. 나의 사랑이 그 아이의 몸으로 스며들기 바라는 마음으로 자꾸 안아주려 한다.

아이 몸에 대한 최대의 찬사는 온몸으로 안아주는 것임을 잊지 말자. 어릴 때부터 부모의 따뜻한 안아주기에 익숙해져 있는 아이들은 사회를 긍정적으로 인식하고, 자신의 몸에 대한 부당한 폭력에 예민하게 반응할 줄 알게 된다. 자기 몸이 얼마나 소중한 줄 알기에, 자기 몸을 함부로 대하는 폭력에 저항할 수 있는 힘까지 가지게 된다.

사랑의 기억으로 새겨질
엄마 냄새

아이는 냄새로 엄마를 각인한다. 엄마 몸 속에서 100퍼센트의 한 몸으로 살던 아이는 낯선 세상에서 엄마 냄새로 안정을 찾고 발달을 시작한다. 미완의 상태로 태어난 생명체가 자신의 근원이었던 엄마에게서 에너지를 얻으며 인간으로서 정체감을 갖춰가는 시간, 그 3년을 제대로 채우지 못했을 때 인생의 방향은 하늘과 땅 차이로 달라진다.

_이현수 《하루 3시간 엄마 냄새》 중에서

"음~~ 엄마 냄새."

두 아이 모두 가끔 내 품에 안기면, 엄마 냄새가 난다고 말한다. 엄마 냄새의 정체가 도무지 무엇인지 모르는 나는 어리둥절할 뿐이다.

"엄마 냄새라는 게 어떤 냄새지?"

"설명할 수는 없는데, 있어. 특유한 엄마의 살 냄새, 맡으면 마음이 정말 편안해져."

아이들은 지쳤을 때, 울고 싶을 때, 엄마 냄새를 맡으려고 내 품을 파고든다.

우리 아이들이 엄마 냄새를 맡고 싶을 때, 엄마 품안을 찾는 것 말고 하는 일이 한 가지 더 있다. 그건 내가 아주 오래전부터 입었던 잠옷을 입고 자는 거다. 힘들거나 부대끼거나 마음이 심란할 때, 이유 없이 공연히 슬픔이 밀려올 때, 뭔지 모를 불안에 마음이 살짝 떠 있을 때, 아이들은 천천히 샤워를 하고, 나의 잠옷을 곱게 차려입고 푹신한 이불 속으로 파고든다. 어릴 적 엄마 품에서 먹던 젖 맛을 기억하면서 편안하게 잠에 빠져든다. 그렇게 푹 자고 일어나면, 아이들은 밝은 표정으로 아침을 맞이하곤 한다.

어제도 태은이는 지친 하루였나 보다. 샤워를 오랜 시간 공들여 하고 나오더니, 나의 옛날 잠옷을 꺼내 입는다.

"음~~ 엄마 냄새 정말 좋아. 잠이 잘 올 것 같아" 한다.

아이가 챙겨 입은 건 결혼할 때 산 원피스 잠옷이다. 입으면 정말 편해서 지금까지 버리지 않고 있다. 그 잠옷을 입고 두 아이 모두에게 밤중 수유를 했고, 그 잠옷을 입은 채 아이를 안고 잠들었다. 어릴 적 아이들은 그 잠옷을 헤쳐 올리고 내 가슴을 만졌으며, 머리를 들이밀고 뱃속으로 들어오려고 장난을 치기도 했다. 어떤 때는 잠옷의 치맛단을 손에 돌돌 말아 쥔 채로 잠이 들기도 했고, 벗어놓은 잠옷을 이불 삼아 덮고 놀기도 했다. 아이들은 아기 시절의 그 일들을 기억하는 것일까?

나는 아무리 맡아도, 그냥 옷 냄새인데, 아이들 뇌리에는 엄마의 냄새로 각인되어 있나 보다. 흐릿한 젖 냄새일 것도 같고, 더 흐릿한 살 냄새일 것도 같은, 아이들에게는 엄마가 전부였던, 전체 세계였던 그 시절, 냄새로 각인되는 안식처의 느낌이 아닐까 하는 짐작이 든다.

엄마의 냄새는 아이들이 세상을 편안한 안식처로 느끼게 하는 가장 원초적인 냄새이다. 엄마의 냄새를 기억한다는 것은 엄마의 품안에서 많이 놀았다는 의미이다. 자주 안아주고, 품어주었다는 의미다.

엄마의 품에 자주 안길 수 있었던 경험은 사랑받는 존재로 느끼게 해주었을 것이며, 사랑받는 존재임을 엄마의 품안에서 확인받은 아이는 자신을 사랑하게 될 수밖에 없다. 자신을 사랑하고, 세상을 마음껏 뛰놀 수 있는 장소로 인식하는 태도는 살아가는 데 필요한 아주 중요한 능력이다. 우리 아이들이 세상에 용감하게 나아갈 수 있게 하려면, 더 많이 안아줄 일이다.

아이가 컸어도, 엄마의 냄새는 그리운 법이다. 어른이 된 아이에게도 엄마 냄새는 치유의 향기이다. 지칠 때, 힘겨울 때, 외로울 때, 문득 엄마 냄새가 그리워질 수 있도록 어린 시절에 충분히 안아주도록 하자.

■ 안아주기는 거친 세상을 건너가기 위한 예방주사입니다. 때맞춰서 종류별로 예방주사를 맞춰주듯이 아이가 어리든 크든 충분하게 안아주세요.

■ 가끔은 각자의 방을 가지고 있는 큰 아이들이라도 안방에서 데리고 주무세요. 베개 안고 오라고 해서 실컷 수다를 떨면서 꼭 안고 자면 아이들이 굉장히 슬거워합니다. 사춘기 아이들은 싫어한다고요? 아닙니다. 잔소리만 하지 않는다면, 아이의 말을 즐겁게 들어준다면 아이들은 진심으로 좋아합니다.

■ 아침에 아이들 일어나기 힘들어 하죠? 억지로 깨우지 말고 자는 아이 옆에 누워보세요. 누워서 다정하게 말을 걸면서 몸을 꼭 안아주세요. 잠결에 다정한 말이 들리면 서서히 잠에서 깨어납니다.

■ 학원에서 늦게 돌아오는 아이에게 마사지를 해주세요. 책상에 오래 앉아 있으면 다리가 많이 붓습니다. 침대에 엎드리게 해서 종아리 마사지를 해주세요. 아로마오일 괜찮은 것 하나 있으면 정말 좋지요. 오일을 발라 부드럽게 마사지를 해주면 아이들이 굉장히 편안해 합니다. 엄마의 사랑을 표현하기에 딱 좋습니다.

■ 텔레비전을 함께 볼 때 멀뚱멀뚱 떨어져 앉지 마시고 가까이 앉으세요. 괜히 아이 발도 조물락거려보고 등도 쓸어주고, 뭉친 목도 풀어주세요. 아이들은 부모의 작은 스킨십에도 감동한답니다.

아이의 영혼을 어루만지다
– 머리 빗겨주기

햇살이 곱게 퍼지는 따뜻한 봄날 오후, 햇빛을 받으며 멍하게 앉아 있을 때면 꼭 떠오르는 장면이 있다.

어린 시절의 봄날, 질퍽거리는 마당을 여기저기 밟고 다니며 놀고 있으면 마루에 앉아 햇빛을 쬐고 계시던 엄마가 '향아' 하고 부르곤 했다. 쪼르르 달려간 내게 엄마는 허벅지를 툭툭 두드리며 누워보라 한다. 나는 머리를 엄마 다리에 뉘인 채, 모로 눕는다. 부드러운 엄마의 손길이 느껴진다. 엄마는 나의 머리카락을 부드럽게 이리저리 젖혀본다. 손끝이 따뜻하다. 그렇게 머리카락을 넘기던 부드러움이 잊히지 않는다.

엄마와 나를 감싸던 따사로운 햇살과 폭신한 엄마의 다리 베개, 엄마의 손길을 받으며 맑은 하늘을 힐끗거리던 그 시간은 참으로 행복했다. 모든 것이 다 잊혀져도 지워지지 않을 행복감, 사랑받음의 느낌이 지금도 선명하다.

머리카락을 넘겨주거나, 만져주거나, 빗겨주거나, 예쁘게 묶어주는 모든 손길은 아이의 영혼을 어루만져주는 일이다. 과학적으로 머리는 인간의 두뇌를 말하지만, 나는 얼굴을 포함한 머리 전체를 영혼의 자리라 생각한다. 얼굴은 얼의 꼴이다. 사람의 정신과 얼, 영혼이 담긴 소중한 장소다. 영혼의 장소이기에 툭툭 건드리거나 때리면 큰 모멸감을 느낀다. 아이를 키울 때 특히 주의해야 할 일이다.

손끝에 온 우주의 에너지를 모아 아이의 영혼에 따뜻하게 담아주어야 한다. 아이의 정신이 단단해지기를, 아이의 영혼이 고결해지기를 바라는 마음을 손끝에 담는다.

누워 자고 있는 사랑하는 아이의 얼굴을 하염없이 내려다보다 존재에 대한 고마움과 연민에 울컥할 때가 있다. 이럴 때 손은 자연스럽게 아이의 머리로 간다. 헝클어진 머리를 곱게 귀 뒤로 넘겨주거나, 땀으로 엉킨 머리카락을 잠이 깰 세라 살살 풀어서 가지런히 해준다. 손바닥 전체로 머리를 둥글게 감싸 안아도 보고, 둥근 얼굴선과 콧날, 인중, 입술을 손끝으로 따라 그려보기도 한다. 아이는 눈은 감고 있으되 엄마의 손길을 느끼고 있다. 따뜻하고 부드럽게 만져주는 손길을 조금이라도 더 받고 싶은 마음에 눈을 뜨지 않는다. 입가에는 숨길 수 없는 미소가 배시시 배어 나온다. 머리를 매만져주는 손길이 어느새 아이의 마음까지 어루만져주고 있다.

잠들기 전 침대에 함께 누워 아이의 머리를 부드럽게 만져줘보라. 아이의 마음이 열리고, 진심이 흘러나온다. 행복한 마음을 안고 꿈나라로 가게 된다. 혹시라도 아이가 혼이 나서 화난 채로 누웠다면 반드시 옆에 누워 아이의 영혼을, 마음을 풀어주어야 한다.

아침에 일어나기 힘들어하는 아이를 깨울 때도 옆에 조용히 누워, 예뻐 죽겠다는 눈길로 아이를 내려다보라. 손을 들어 다정하게 아이의 얼굴을 만져줘보라. 오늘 하루도 힘차게 살아갈 영혼의 에너지를 손끝으로 꼭꼭 눌러 담아주고, 마음의 힘을 챙기게 도와주는 것이다. 잠을 깰 때 제일 효과적인 방법은 누군가의 부드러운 손길을 느끼는 것이다. 이내 아이가 일어나게 된다.

좀 더 늦게 일어나면 어떠랴. 아이의 머리를 정성스럽게 만져줄 시간이 조금 더 생긴 거다. 조금 더 아이를 사랑할 수 있는 시간을 즐기면 된다.

긴머리를 손질해줄 때도 정성을 들이면 좋다. 바쁜 아침 시간에 급하게 빗겨주느라 서두르다 보면 아이의 머리를 함부로 대하게 된다. 아이를 앞에 앉혀두고, 천천히 머리를 빗겨주라. 예쁜 아이가 밖에 나가 조금 더 당당하기를 바라는 마음을 담아 머리를 묶어주는 거다. 밖에 나가면 영혼을 다칠 일도, 마음이 아플 일도 많다. 그 많은 일들에 의연할 수 있는 마음의 힘을 키워주는 일이 머리를 정리해주는 아침 시간에 이루어진다.

아이가 크면 더 이상 머리 손질을 엄마한테 맡기려 하지 않는다. 하지만 우리 태은이는 바쁜 아침에 나한테 머리를 맡긴다. 학교 갈 준비하기에도 시간이 빠듯하니, 머리는 내게 맡기고 그 시간에 책을 읽거나, 신문을 보거나, 인터넷 기사를 훑어본다. 태은이 표현에 의하면, 세상 돌아가는 일을 엿볼 수 있는 유일한 시간이다.

드라이어의 따뜻한 바람이 머리를 감싸면서 아이의 마음을 풀어준다. 되도록이면 내 손의 부드러움이 전달되도록 조심스럽게 머리카락 사이를 다닌다. 혹여 바쁜 마음에 엉킨 머리카락을 당기지 않을까 싶어 최대한 조심한다.

머리를 말려주면서 두피를 마사지하듯 힘을 살짝 살짝 넣어준다. 학교 가서 치를 전쟁에 힘 빼지 않기를 바라는 마음, 경쟁에서 지치지 않기를 바라는 마음, 아이가 조금 더 행복해지기를 바라는 마음, 주눅 들지 않고 당당하길 바라는 마음을 손끝에 담는다.

반면에 둘째 태윤이는 한창 예민한 사춘기 아가씨라 절대 머리를 내게 맡기지 않는다. 젖은 머리 제발 말리고 가렴, 부탁해도 꿈쩍하지 않는다. 사춘기 아이들의 특징이다. '내 영역에 손대지 마세요. 독립 중입니다. 내 영혼은 당분간 제가 책임지고 싶어요' 하는 무언의 표현이다.

이럴 때는 아이의 고집을 지켜주면 된다. 그 대신 아이가 잠들어 있는 시간에 부지런히 만져주면 된다. 아이의 꿈속이 평온해진다. 그 평온한 마음들이 쌓여서, 살아가는 힘이 된다.

■ 아이 머리를 매만질 때는 선한 마음을 품어주세요. 바쁜 아침에 아이 머리를 정리해줄 때면 아무래도 서두르는 마음이 큽니다. 자칫 아이 머리를 험하게 다루는 수도 있지요. 서두르지 말고 정성껏 느린 손길로 만져주세요. 그래봤자 5분 정도 늦을 뿐입니다.

■ 때로는 땀범벅이 되어 들어온 아들의 머리도 엄마의 손으로 정리해주세요. 그리고 따뜻한 말로 일러주세요. 머리를 감고 나오면 엄마가 말려주겠다고. 다 큰 아들도 쑥스러워하면서 반가워합니다.

■ 가끔은 아이들이 좋아할 만한 머리핀이나 모자 같은 소품을 선물로 준비해보세요. 길 가다가 너에게 잘 어울릴 것 같아서 샀다고 해보세요. 아이들의 입꼬리가 환하게 올라갑니다.

따뜻하고 안전한 자양분을 주는 일
– 목욕하기

아이들은 물을 좋아한다. 물속에 있을 때 안정감을 느낀다. 우리는 모두 따뜻하고 안정적인 공간에서 엄마와 연결된 탯줄을 통해 자양분을 공급받으며 사람으로서 조금씩 형태를 갖춰온 태초의 경험이 있다. 따뜻한 물속은 안식처의 느낌, 힘들면 돌아가고 싶은 공간이 된다. 엄마의 보호를 받으며 적당히 따뜻한 물속에 있을 때 아이들은 편안함을 찾고, 얼굴에 미소를 띤다.

태은이는 겨울에 태어났다. 태어나서부터 5개월 동안 시골에서 지냈는데, 단독주택이라 아이 목욕시키는 일이 많이 번거로웠다. 욕실은 난방이 안 돼서 따뜻한 방으로 물을 여러 번 옮겨서 씻겨야 했다. 첫아이라 뭐든지 조심스러웠던 그때, 그렇게 춥고 번거로워도 목욕은 매일 시켜야만 한다고 생각했다.

빨간 통에 따뜻한 물을 담아, 물속에 앉혀두면 태은이는 정말 좋아했다. 얼굴은 밝은 미소로 뽀얗게 피어나고, 손발을 위아래로 버둥거리며 까르르 까르르 웃음소리를 내곤 했다. 몸을 부드럽게 문질러주고, 발바닥을 눌러주고, 손가락 하나하나를 세심하게 만져주고, 주름진 목을 펴서 살살 닦아주고, 가슴으로 푹 안아 머리까지 감겨주면 아이는 온몸으로 행복해했다. 그렇게 목욕을 하고 나면 아이는 노곤한 표정으로 편안하게 잠에 빠져들곤 했다. 충분히 사랑받는다는 느낌이 충만한 얼굴로.

어린 아기를 목욕시키는 건 엄마들에게 힘겨운 일일 수도 있다. 그러나 아이들에게는 태초의 안정감과 평화로움을 다시 느낄 수 있는 시간이다. 아이들에게 평화로운 시간을, 사랑받는다는 사실을 절절하게 느낄 수 있는 시간으로 만들어줘야 한다.

물은 치유의 기능과 정화의 요소도 가지고 있다. 고대 그리스에서도 치유의 사원은 항상 물가에 있었다. 나르시시스도 강물에 자기 얼굴을 비쳐보았다. 사람은 물 앞에서 고요해진다.

마음이 심란하거나 몸이 피곤하면 사람은 물속에 몸을 담그고 싶어 한다. 나 또한 그런 상태일 때면 목욕탕을 찾는다. 따뜻한 물속에 몸을 담그면 긴장됐던 몸과 마음이 서서히 풀어지면서 마음까지도 부들부들 풀어지는 것이다. 머릿속을 어지럽게 돌아다니던 상념들은 어느새 정리가 되고, 개운한 마음으로 나올 수 있다.

혼자 목욕을 할 수 있는 정도의 아이거나 목욕탕에 들어가기만 하면 문을 잠그고 오랜 시간 나올 줄 모르는 사춘기 아이라면, 욕조에 물을 받아 놓고 앉아 있도록 도와주는 것이 좋다.

학교에서 아이들은 많이 상처받고 지쳐서 온다. 아이들의 세계에서 인정받음의 싸움은 아주 치열하다. 친구 때문에 울고, 성적 때문에 속상해하면서 아이의 마음은 이미 전쟁터일지도 모른다. 아이의 표정이 어둡거나, 짜증이 심하거나, 걱정거리가 생겨 얼굴이 심하게 일그러져 있을 때, 조용히 욕조에 물을 받아두라.

너무 뜨겁지 않은 딱 좋은 온도로 물을 받은 다음, 욕실의 불을 끄고 아로마 향초를 켜서 은은하게 만든다. 아이에게 '몸을 좀 담갔다가 나오렴, 맛있는 간식을 준비할 동안'이라고 말하면 아이는 순순히 욕실로 향한다. 듣고 싶은 음악을 찾아서 욕실에서 듣게 해주면 금상첨화다.

따뜻한 물속에서 아이들은 자기 성찰의 시간을 갖게 된다. 학교의 소란스러움에서 벗어나 물속에 몸을 풀어놓으면서 스스로에게 자양분을 주고, 마음속 갈등을 찬찬히 들여다보면서 풀어나갈 실마리를 찾고, 지친 몸에 삶의 에너지를 어떻게 채울 수 있는지 그 방법을 찾는다.

아이들이 클수록 혼자만의 시간을 만들어줄 필요가 있다. 조용하게 내면을 응시하는 시간이 필요하다. 밖에는 유혹거리가 너무 많다. 스마트폰, 인터넷, 텔레비전으로 둘러싸인 환경은 내면으로 향하는 시선을 자꾸 밖으로 돌리게 만든다. 단 10분이라도 조용히 응시할 수 있는 공간이 필요하다. 욕실은 자기응시를 위한 최적의 공간이다.

어릴 때부터 온전히 자기만의 시간과 공간을 만들어주면 아이는 그 속에서 스스로 힘을 찾는 방법을 배워나간다. 그 공간에서 아이는 자신이 얼마나 귀중한 존재인지, 얼마나 사랑받는 존재인지 깨달아나간다. 자기 자신을 스스로 귀하게 대하는 방법을 알게 되며, 자신의 존재가 이 세상에 온전하게 받아들여지고 있음을 느끼게 된다.

내가 중학생일 때, 엄마는 한 달에 한 번씩 큰 대야에 물을 받아주곤 했다. 시골이라 욕실이 따로 없었다. 장작을 때는 부엌에 큰 통을 두고 엄마는 펄펄 끓는 물을 부었다. 공기가 차가우니까 물은 좀 뜨거워야 했다. 뜨거워서 들어갈 수 없을 것 같은 물속으로 엄마는 딱 좋다면서 나를 떠밀었다. 뜨겁다고 엄살을 부리면서 발부터 살살 담가 들어가면, 몸은 서서히 그 뜨거운 물에 푹 담겼다.

온몸이 따뜻하게 풀어지던 그 느낌을 잊을 수가 없다. 유난히 깔끔하셨던 엄마는 오로지 내 몸의 때를 밀어주겠다는 마음으로 나를 그 물속에 담궜겠지만, 나는 그 시간이 참 행복하고 좋았다. 몸의 때를 불리는 동안 평소 내게 화만 내고 짜증만 내던 엄마가 이런저런 말들을 다정스레 건네주시곤 했기 때문이다. 엄마가 나를 사랑하고 계시는구나 하는 느낌을 가지게 해주었던 시간이다. 내 몸을 이곳저곳 닦아주시는 손길에서 나는 내가 얼마나 귀한 존재인지도 알았다.

사랑은 부모가 주는 것임과 동시에 아이들 스스로가 주는 것이어야 한다. 자기 몸을 귀하게 대하는 방법을 미리 배운 아이들은 위험한 상황에 스스로를 두지 않는다. 아이들 주변에는 위험한 것이 많다. 위험한 상황을 감지하고 스스로를 단속할 수 있는 힘을 어릴 때부터 배워야 한다.

■ 가끔은 등을 밀어주세요. 요즘 아이들은 목욕 독립도 일찍 합니다. 초등학교 2~3학년 정도면 혼자서 목욕을 합니다. 조금 더 자라 사춘기를 맞이하면 목욕할 때 문부터 잠그게 됩니다. 서운해 할 필요 없습니다. 당연한 성장의 과정이거든요. 가끔 넌지시 물어보세요. "등 밀어줄까" 하고요. "됐다" 하면 무리하지 마시고, 허락해주면 그때 시원하게 밀어주세요.

■ 반신욕을 준비해주세요. 아이가 좋아하는 음악도 준비하고, 아로마 향초도 하나 켜놓고요. 아이가 따뜻한 물속에서 몸과 마음을 풀어낼 수 있도록 배려해주세요. 특히 변비가 있거나 예민한 아이들에게 많은 도움이 됩니다.

■ 가끔은 목욕탕 나들이도 해보세요. 우리 아이들은 어릴 때 목욕탕을 수영장처럼 이용했습니다. 물안경을 챙겨가서 실컷 놀다 왔지요. 저도 탕 안에서 함께 수영하고 놀았습니다. 아이들이 많이 좋아했습니다. 큰 아이들은 동네 목욕탕 좋아하지 않습니다. 아는 사람 만나는 걸 두려워하지요. 그러니 동네에서 좀 떨어진, 좋은 곳을 알아두었다. 아이들 시험이 끝났을 때나 방학 때 함께 다녀오세요. 삶은 달걀 먹으면서 나누는 이야기 재미가 아주 쏠쏠하답니다.

머리끝부터 발끝까지 변화시키다
- 사랑의 눈빛 샤워

사랑에 빠진 사람의 눈빛은 그 무엇으로도 감출 수가 없다. 만화의 캐릭터처럼 눈 속에 하트가 그려져 있다. 그윽하면서도 따뜻한 눈길, 그 눈길을 받는 사람은 안다. 저 사람이 나를 얼마나 아끼는지, 얼마나 사랑하는지. 뿐이랴. 눈빛에는 슬픔과 분노, 경멸, 야유, 비난 등 인간의 수많은 감정이 정확하게 담긴다. 마치 연기파 배우처럼, 배우지 않고도 그 다양한 감정의 층위들을 눈빛으로 표현할 수 있다.

아이가 못마땅하거나 화가 나면, 감추려 해도 감출 수 없는 그 눈빛에 아이들은 눈치를 본다. 그만큼 눈빛은 솔직하다. 우리의 신체기관 중 가장 예민하게 우리를 적나라하게 보여주는 곳이 바로 눈이다.

큰아이가 어린이집 다닐 때 일이다. 어느 날 어린이집 하교 버스에서 아이를 맞고 있는데 원장 선생님이 부러움 가득한 목소리로 얘기를 건넸다.

"태은이 아버님은 어쩜 그렇게 따님을 사랑하는지 모르겠어요. 부러워 죽는 줄 알았네요."

"왜요? 우리 태은이 아빠가 어린이집에 태은이 보러 갔던가요?"

"아니에요. 어제 슈퍼에서 태은이 아빠를 봤는데요. 글쎄, 이것저것 구경하는 태은이 뒤를 뒷짐을 진 채 천천히 따라다니면서 얼마나 그윽한 눈빛으로 태은이를 보던지……. 귀찮을 법도 할 텐데, 그저 환하게 웃으면서 뒤를 따르더라니까요. 그 눈빛을 잊을 수가 없네요."

"네, 애 아빠 눈빛이 그래요."

남편은 사랑이 넘치는 사람이다. 나는 성격이 다혈질이라 울뚝불뚝하는데, 남편은 한결같이 평온한 사람이다. 아이가 이유 없이 울어도, 떼를 써도 그저 사랑하는 눈빛으로 다 받아주기만 한다. 남편이 아이들을 바라보는 눈빛을 보면 나도 부러울 때가 많다.

어떤 때는 내 유년 시절의 슬픔이 생각나 눈물이 날 때도 있다. 너희들은 좋겠구나, 저렇게 좋은 아빠가 있으니까. 내 마음속 어린아이가 부러움에 내뱉는 소리를 나는 들은 적이 있다. 아이들을 한결같은 마음으로 사랑하는 남편 덕분에 상처받은 나의 내면 아이도 조금씩 치유되어 가곤 했다.

사랑의 눈빛은 이렇게 드라마틱한 변화를 가져온다. 사랑스러운 눈빛으로 몸 여기저기를 부드럽게 감싸주고, 너여서, 너 자체여서 그저 보는 것만으로도 좋구나 하는 마음을 눈빛에 담아 건네주면 그 눈빛의 주인공은 아름답게 피어난다.

아이를 바라보는 부모의 눈빛은 세상이 아이에게 보내는 호의로 받아들여진다. 내가 잘나지 않아도, 대단한 것을 성취하지 않아도, 특별히 똑똑하지 않아도, 있는 그대로의 모습인 상태로도 사랑스러운 눈빛을 받는다면, 아이의 자존감은 극대화된다.

부모로부터, 세상으로부터 자신의 모습이 있는 그대로 받아들여지고 있구나, 하는 가장 강력한 증거가 눈빛인 거다. 그런 눈빛을 받는다면, 어느 아이든 자신을 귀하게 여길 수밖에 없다. 사랑한다는 백 마디의 말보다 강력한 한방이 눈빛이다.

마음에 없는 말을 할 수는 있어도, 마음에 없는 눈빛은 보낼 수 없다. 아이를 사랑하는 마음을 가지고 있다면, 눈빛도 순하게 빛날 수밖에 없다. 만약 지금 아이를 보는 눈빛이 순하게 빛나지 않는다면, 아이에게 어떤 불편한 감정을 가지고 있는지 성찰해야 할 필요가 있다.

아이는 부모의 뜻대로 움직여주지 않는다. 부모의 과한 욕심 때문에 아이를 있는 그대로 인정하지 않고 무엇을 바꾸려 들거나, 아이의 존재를 비난하거나 평가한다면 아이와의 갈등이 있을 수밖에 없다.

특히 사춘기 아이들이 있는 집에서 이런 갈등은 일상적이다. 부모의 욕심을 성찰하지 않으면 갈등은 심화되고, 아이를 부정적인 시선으로 보게 된다. 부정적인 시선은 아이와의 갈등을 더욱 심화시킬 것이고, 갈등이 심해질수록 아이를 보는 눈빛은 더 험해진다. 부정적인 눈빛은 사람을 움츠려들게 하고, 사랑의 결핍을 느끼게 만든다. 눈빛을 통해 사랑하는 감정을 읽듯이 눈빛을 통해 자신에 대한 상대의 감정을 읽는 것이다.

눈빛을 회복해야 한다. 사랑의 눈빛은 억지로 만들 수 있는 것이 아니다. 부모의 눈빛이 곱지 않다고 느낀다면, 아이와의 갈등을 잘 들여다봐야 한다. 되도록 아이를 있는 그대로 보는 연습을 해야 한다. 사춘기는 일정 기간 동안 지켜보기가 괴로울 뿐 곧 지나간다.

모든 부모가 신이 아닌 이상 숱한 갈등에 직면하는 게 당연하다. 아이가 부모 뜻대로 움직여주지 않아 속상할수록 어릴 때 아이를 바라보던 그 사랑의 눈빛을 회복하도록 노력해야 한다. 사춘기의 격정을 온몸으로 겪어내고 있는 아이들은 겉으로는 부모를 밀어내는 것 같아도 누구보다 부모의 사랑을 원한다. 사랑을 귀찮아하는 사람은 어디에도 없다.

우리 아이들에게 매일 사랑의 눈빛을 보내는 연습을 하자. 아이를 변하게 하는 마법의 눈빛이다. 내일 우리 아이가 어떻게 변할지는 아무도 모른다. 내일의 아이 모습을 상상하면서 오늘 사랑의 눈빛으로 따뜻하게 바라봐주도록 하자. 아이의 마음속 상처까지도 치유되는 극적인 변화가 기다리고 있을 것이다.

아이들은 부모가 자신을 보는 그 눈빛으로 타인을 바라보고, 세상을 바라보고, 부모의 눈빛으로 사람을 대하는 기본적인 태도를 익힌다.

- 눈빛에는 마음이 담긴다는 것을 잊지 마세요. 눈빛은 거짓말을 못합니다. 신생아 눈빛이라는 게 있습니다. 갓 태어난 아이를 바라볼 때의 눈을 상상해보세요. 모든 사람들이 그저 웃는 눈으로 아이를 바라보지요. 바로 그 눈빛을 기억해야 합니다. 아이에 대한 불만이 있으면 눈빛에 반드시 담기고야 맙니다. 아이들은 또 그 눈빛을 기가 막히게 알아차리고요. 아이가 미울 때는 욕실에 들어가서 거울을 보며 순한 눈빛을 짓는 연습을 해야 합니다.

- 아이의 예쁜 얼굴을 자주 찍어주세요. 아이가 어릴 때는 부지런히 사진을 찍어주다가 어느 정도 크면 잘 찍어주지 않게 됩니다. 하지만 다 큰 아이도 일상생활 중에 예뻐 보이는 순간이 분명히 있을 거예요. 그 순간을 놓치지 말고 아이 얼굴을 예쁘게 찍어주세요. 그렇게 찍은 사진을 휴대폰 배경화면에도 깔아두고, 카톡 프로필 사진으로도 올려두세요. 아이들이 정말 좋아합니다.

몸의 주인으로 세워주다
– 전신 거울 놓아주기

소비자본주의 사회에서는 사람의 몸도 상품화의 영역이 된다. 자기 관리라는 이름으로 우리의 몸이 소비의 영토가 되는 것이다. 얼굴과 허리와 다리의 주인은 우리가 아니다. 우리는 그저 몸을 빌려, 몸에 정신을 맞춰가며 살아갈 뿐이다. 성형 천국에 살면서 타자의 눈에 멋있어 보이는 몸을 만들기 위해 끊임없이 돈을 쓰고, 미용을 하고, 관리를 한다. 몸은 우리 것이 아니다.

우리 아이들은 어려서부터 소비자본주의의 상품화 전략에 길들여져 있다. 걸그룹 소녀들의 몸은 10대 소녀들의 로망이며 아이돌 스타의 몸은 가장 닮고 싶은 이상이다. 초등학교 5학년만 되어도 어른의 것보다 더 두툼한 파우치에 화장품을 가득 넣어 다닌다.

하교하는 중학생 아이들을 보면 모두들 같은 얼굴을 하고 있다. 얼굴에는 하얀 분을 바르고, 입술은 붉은색 틴트로 물들이고, 눈썹은 검고 짙게

119

칠해져 있다. 앞머리는 한결같이 롤이 말려져 있고, 손에는 꼬리 빗이 들려 있다. 그런 모습으로 친구의 손을 잡고 시끄럽게 걷고 있는 똑같은 모습의 10대 아이들은 어디서든 쉽게 찾아볼 수 있다.

늘 새로운 다이어트를 시도하느라 굶는 것도 일상이다. 그러다 배고픔을 견디기 어려워지면 학교 앞 불량식품들로 허기를 채우고, 다시 굶는다.

걸그룹과 아이돌의 몸매를 이상으로 삼고 있는 아이들은 자기 몸을 부정적인 시선으로 바라본다. 못난 몸, 뚱뚱한 몸, 고쳐야 할 얼굴, 화장으로라도 커버해야만 할 못 봐줄 얼굴로 비하해버린다. 거울 속에 비치는 자기 몸을 있는 그대로 긍정하는 것이 아주 어려운 일이 되어버렸다.

소비자본주의 체제는 그런 10대들을 아주 어렸을 때부터 길들여왔다. 아이들이 그런 또래 문화의 영향권 아래로 들어가기 전에, 아직은 부모의 말을 곧이곧대로 믿을 때 아이들이 자신의 몸을 긍정적으로 인식할 수 있도록 적극적으로 도와야 한다.

아이 몸에 대한 품평은 하지 않아야 한다. 안 이쁘다, 뚱뚱하다, 살을 조금만 빼면 좋겠다는 말들은 아이들의 자존감에 상처를 준다. 이런 말은 은근하게 스며들어 아이들의 생각을 고정시키게 된다. 아이가 자신의 몸을 건강하게 인식하고, 어떤 경우에도 자기 몸의 주인으로서 자기 몸을 아낄 수 있게 돕는 일은 부모로서 꼭 해야만 하는 일이다.

자기 몸을 자기 시선으로 당당하게 바라볼 줄 안다는 것은 자기 몸의 주인이라는 의미와 같다. 단점을 찾아내는 시선이 아니라, 머리끝부터 발끝까지 부드럽고 순한 눈빛으로 자기 몸을 바라볼 수 있을 때 비로소 자기 몸을 긍정할 수 있게 된다. 그런 시선으로 자신의 몸을 관찰하고 소중하게 여길 수 있는 사람은 외부의 시선으로 자기 몸을 평가하지 않는다.

아이들의 몸을 건강하게 바라보는 부모의 눈길이 중요하다. 어릴 때부터 자주 안아주고, 부드럽게 쓰다듬어주고, 사랑의 눈빛으로 바라봐주었다면, 아이는 자기 몸을 긍정적으로 인식하고 있을 것이다. 만일 지금까지 그렇게 하지 못했다면 아이의 방에 몸 전체를 비춰볼 수 있는 전신 거울을 놓아주라. 침대 곁도 좋고, 옷장 옆도 좋다. 오며가며 자신의 몸을 들여다볼 수 있도록, 옷을 입고 이리저리 맵시를 살펴볼 수 있도록 거울을 놓아주라.

거울을 보면서 아이들은 배울 것이다. 몸을 어떻게 움직일 때 자신이 예쁜지, 몸을 어떻게 꾸밀 때 자신의 표정이 밝은지 터득하게 된다.

자기 몸을 정면으로 바라보며 웃음을 짓는 시간이 쌓이면 아이들은 자기 몸의 주인이 된다. 텔레비전 화면에 나오는 걸그룹의 얼굴이 미의 기준이 되는 것이 아니라 자신의 얼굴이 아름다움의 기준이 되는 것이다. 이렇게 될 때 비로소 아이들은 자기 몸을 완전하게 갖게 된다.

자기 몸의 주인이 된다는 것은 생각만큼 쉬운 일이 아니다. 자기 몸을 소중하게 다루고 아껴주는 것은 배워야만 하는 일이다. 습관이 되어야만 가능한 일이다.

몸을 함부로 대하는 시선이 너무도 많은 폭력적인 사회에서 자기 몸을 소중하게 다루는 것은 무엇보다 중요한 능력이고 덕목이다. 자기 자신의 몸을 믿고, 감각을 존중하며 아이들이 자랄 수 있도록 부모는 세심한 배려를 해야 한다. 아직까지 아이들에게 중요한 타자는 부모다. 아이들이 더 자라기 전에 서둘러야 하는 일이다.

**지금 당장 실행해야 할
사랑의 실천 TIP**

■ 외모에 대한 평가는 하지 말아주세요. 살을 조금만 빼면 예쁠 텐데, 쌍거풀이 있었으면 진짜 완벽한 얼굴인데……, 부모가 무심결에 뱉는 외모에 대한 발언들은 은연중에 외모를 중심하는 사고를 만듭니다. 아이들 외모를 있는 그대로 존중해주는 것은 부모가 실행해야 할 중요한 일입니다.

■ 성형에 대한 동경을 하지 않도록 도와주세요. 요즘은 고등학교 1학년 정도에 쌍꺼풀 수술을 하는 것이 유행이라고 합니다. 대학교 들어갈 때쯤 예쁘게 자리를 잡아야 한다는 거죠. 큰아이 친구 중에도 방학에 수술을 하고 오는 아이들이 제법 있다고 합니다. 물론 수술을 한다고 큰일이 나는 것은 아닙니다만, 성형을 부추기는 이런 사회에서는 부모라도 중심을 잘 잡고 있어야 합니다. 아이들은 부모의 눈을 통해 세상을 인식합니다. 성형 공화국에서 아이들 지키기가 쉽지 않습니다. 있는 그대로의 아이의 외모를 부모부터 존중해주세요.

성스러운 시간을 만들다
– 아이의 삶을 궁금해 하기

가족으로 살다보면 모든 것이 당연하게 생각된다. 그래서 친구에게 꿈을 물어보는 일은 있어도 내 아이가 진짜 좋아하는 것이 무엇인지, 무엇에 설레는지는 묻지 않는다.

아이에 대해 많은 것을 알고 있다고 여기지만 사실 아는 것이 별로 없다. 부모교육의 강의 현장에서 아이의 칭찬거리를 몇 가지 이야기해보라는 질문을 던지면 많은 사람들이 대답하기 어려워한다. 두어 가지 말하고는 금세 머뭇거린다. 잘 생각해보지 않아서 모르겠다고 하거나, 칭찬할게 도무지 없다고 하는 경우도 많다. 텔레비전에 나오는 배우에 대해서는 그렇게나 많이 알고 있으면서, 정작 내 곁에 있는 아이에 대해서는 알려고 하지 않는다.

부모의 품에서 자라고 있는 아이라 해도 엄연한 자신만의 세계가 있는 독립적인 존재이다. 아이들은 부모의 기준으로 판단하지 못하는 어마어

마한 세계를 품고 있다.

아이의 세계가 궁금해야 된다. 당연히 잘 알고 있다고 단정 지으면 안 된다. 아이의 세계에 어떤 기둥이 있는지, 아이가 무슨 생각을 하고 지내는지, 어떤 미래를 꿈꾸고 있는지, 지금 어떤 고민에 사로잡혀 있는지 관심을 기울여야 한다.

곁에 있는 사람에 대한 최고의 대우는 그 사람을 궁금해 하는 태도이다. 곁에 있는 사람을 귀하게 대하지 않는 사람은 자기 말만 하기 바쁘다. 자기가 얼마나 대단한 사람인지 어필하려고 할 뿐 상대의 이야기를 궁금해 하지 않는다. 알고 싶을 만큼 중요하지 않다는 의미다. 반면, 곁에 있는 사람이 궁금하다는 것은 그 사람에게 호감이 있다는 뜻이다. 그 사람을 사랑한다면 그 사람이 궁금할 수밖에 없다. 궁금해서 미친다. 그 사람의 생각, 그 사람의 마음, 그 사람의 영혼을 그 사람의 언어를 통해 그려보고 싶어지는 것은 당연한 욕망이다.

아이를 진심으로 사랑한다면 아이와 이야기를 나누어야 한다. 일방적인 훈계를 늘어놓는 것은 대화가 아니다. 아이의 행동을 변화시키기 위한 제안을 늘어놓는 것도 대화가 아니다. 심지어 그것은 교육적인 행위도 아니다.

아이와 한자리에 앉으면 대부분의 부모들은 자기가 하고 싶은 말만 하느라 바쁘다. 학교 숙제는 잘했는지, 양치는 했는지, 몇 시에 잘 것인지에 대한 것만 말한다. 이것은 대화라고 할 수도 없는 업무의 지시일 뿐이다. 그러니까 아이들은 부모와 이야기를 하는 대신 스마트폰을 손에 쥐는 것이다.

그냥 아이를 곁에 앉혀두고 마음과 귀만 열어놓아보라. 그리고 요즘 무엇 때문에 바쁜지, 무엇에 매혹되어 있는지, 지금 가슴을 뛰게 하는 것이 무엇인지 물어보자. 길가의 민들레는 고개를 숙인 채 천천히 걸어가야 겨우 보인다. 우리 아이의 이야기도 들여다봐야 보이는 법이다.

사람들은 모두 자기가 하고 싶은 이야기를 하고 싶어 한다. 하고 싶은 이야기를 누군가가 물어봐주고 들어주면 신이 난다. 신이 나서 이야기를 하다 보면, 새로운 자기를 발견하게 되기도 하고, 미처 알지 못했던 자신의 꿈을 찾게 되기도 한다.

아이들이 이야기를 할 때는 비난이나 평가를 하지 말고 그냥 들어주는 것이 중요하다. 부모의 생각과 다르더라도, 그것이 바로 아이의 세계이다. 설사 동의할 수 없는 이야기를 하더라도 고개를 끄덕이며 깊이 들어주어야 한다. 깊이 들어준다는 것은 '너는 지금 성장 중이야. 나는 네 이야기가 아주 자랑스럽구나' 하는 메시지를 주는 것과 같다. 아이가 태어나 처음 만나는 어른인 부모가 자신의 이야기를 잘 들어준다면 아이는 세상 어떤 어른들 앞에서도 자기 이야기를 당당하게 할 수 있다. 어른의 기준으로 자신의 삶을 이해하고 순응하고, 착한 아이라는 칭찬에 갇혀 어른들 말만 잘 듣는 아이가 아니라 자신의 언어로, 자신의 목소리로 자신의 삶을 이야기하는 당당한 아이로 성장할 수 있다.

자신의 삶을 자기 언어로 말할 수 있는 아이는 자기 욕구를 속이지 않는다. 남의 기준에 맞춰 자신을 억압하지 않는다. 부당하게 가해지는 폭력에도 당당하게 맞서는 힘까지 키울 수 있다.

내 이야기를 잘 들어주는 사람은 나에게 관심이 있는 사람인 거다. 그 관심은 사랑에 근거한 것이다. 자신의 이야기를 잘 들어주고, 자신에 대해서 무엇이든 알고 싶어 하는 부모로부터 아이는 사랑받고 있음을 느낀다. 귀한 사람으로 환대받고 있음을 경험한다. 아이의 이야기를 들어주는 성스러운 시간을 자주 만들어야 하는 이유다.

- 아이 눈높이에 맞는 질문을 하세요. 아이의 관심사가 무엇인지 시간을 들여 관찰해야 합니다. 화장, 연예계 소식, 드라마 주인공, 게임, 은어, 왕따 등 무엇에 관심이 있는지 알아보세요. 그리고 슬쩍 던져보는 겁니다. 아이가 입을 열면 들어만 주세요. 평가하지 말고 비난하지 말고 그렇구나, 공감만 해주세요.

- 아이들의 주옥같은 말을 기록해주세요. 아이들은 가끔 어른이 보지 못하는 것을 봅니다. 주옥같은 말로 감동을 주기도 하지요. 그럴 때는 놓치지 말고 기록을 해두세요. 엄마가 자신의 말을 적어가면서 들어주면 아이의 어깨가 으쓱해집니다.

- 예쁜 카페에 아이와 함께 가세요. 요즘 예쁜 카페 참 많습니다. 일요일 오후 나른할 때 아이의 손을 잡고 나가보세요. 와플이나 치즈케이크, 아이가 좋아하는 간식을 함께 먹다 보면 아이의 입이 저절로 열립니다. "우리 아이는 자기 이야기를 잘 안 해요" 하지 말고 이야기할 환경을 만들어주세요. 잘 들어주는 사람이 있는데 자기 이야기하는 거 싫어하는 사람은 거의 없습니다.

- 아이가 좋아하는 음악을 함께 들어보세요. 우리 집 아이들은 노래 듣는 걸 좋아합니다. 저도 물론 좋아하고요. 돌아가면서 자기가 한창 듣는 노래를 꼭 틀어둡니다. 밥 먹을 때, 목욕할 때, 볼일 볼 때도 다 들릴 정도로 크게 틀어두고 함께 듣습니다. 듣다가 따라 부르기도 하고 가수에 대해서 대화를 나누기도 합니다. 공감대는 이렇게 만들어지는 거랍니다. 아이들의 문화 속으로 걸어들어가 보세요. 아이의 삶이 보입니다.

사랑을 몸에 새기다
– 엄마의 부엌으로 초대하기

유년의 행복했던 경험, 사랑받았던 느낌은 엄마가 해주시던 음식과 연결되어 있는 경우가 많다. 어머니를 여읜 지 2년이 조금 넘은 남편은 어머니가 그리울 때마다 어머니의 음식을 먹고 싶어 한다. 고추장을 풀어서 매운 고추와 고기를 넣고 부쳐주셨다던 장떡, 하루 종일 들에서 일하고 들어와 바쁘게 뚝딱 끓여주셨다던 애호박돼지고기찌개가 특히 기억에 남는다고 한다. 내가 이리저리 궁리하고 흉내 내서 장떡도 부쳐주고, 애호박돼지고기찌개도 해줘보지만, 남편은 조용히 고개를 젓는다. 어머니의 그 맛이 아니라고.

당연한 일이다. 어떤 특급 요리사가 있어도 그 맛은 절대 재연해내질 못한다. 어린 시절, 엄마의 삶과 한숨과 바쁜 일상, 그 와중에도 자식의 배를 채워줘야 한다는 엄마의 사랑과 손맛이 어우러져 내는 맛이니 누가 그 맛을 만들어낼 수 있으랴. 그것은 단순한 음식이 아니라 엄마의 특별한 사랑을 내 아이에게만 맛보이게 하던 영혼의 음식인 것이다.

내게도 엄마의 사랑을 느끼게 하는 특별한 음식이 있다.

가난했던 살림이라 평소에는 그저 된장국에 김치가 전부였다. 그럼에도 엄마는 끼니마다 정갈하게 밥상을 차려주셨다. 내가 엄마가 되어보니 아이들 끼니를 챙겨주는 게 보통 일이 아님을 절감했다. 나는 귀찮거나 힘들면 가끔 외식도 하고, 인스턴트도 먹이곤 하는 나쁜 엄마지만, 우리 엄마는 늘 새로 밥을 해주는 수고로움을 한 번도 마다하지 않으셨다.

엄마가 해주신 음식 중에서 지금도 내 혀가 기억하는 맛이 있다. 아직 그 맛은 어디에서도 맛보지 못했다.

내 생일날이 되면 엄마는 어른 검지손가락만 한 말린 생선을 장날에 맞춰 한 두릅 사오시곤 했다. (사실 생선이라 하기엔 좀 작다. 과메기 비슷한데 과메기는 아니다.) 꼭 내 생일 즈음에 사오시는 걸 봐서는 겨울 한 철에만 나오는 생선인 듯하다. 엄마는 이놈을 냄비에 자작하게 깔고는 달짝지근한 양념장을 끼얹어 잘잘 조려냈다. 그러면 양념이 말린 생선살 틈으로 고루 진하게 배어든다. 이걸 엄마는 꼭 내 생일날 저녁 밥상에 아주 특별한 반찬으로 올려주시곤 했다.

달달하게 양념이 밴 채 김이 모락모락 나는 검지만 한 생선 하나를 반으로 톡 부러트리면 안에는 노란 알이 꽉 차 있었다. 그 노란 알을 젓가락으로 집어 올려 냄비 바닥에 깔린 양념장에 쿡 찍어 입안에 넣으면 알들이 톡톡 터지면서 입안을 마구 굴러다녔다. 알과 막 지은 밥알이 어우러져 달달한 양념장이 입맛을 확 돋우면서 언제인지도 모르게 목구멍 뒤로 홀떡홀떡 잘도 넘어갔다. 밥도둑이라는 말은 이럴 때 쓰라고 나온 말이다. 자잘한 그 생선은 기특하게도 젓가락으로 잡아 부러트리는 족족 한 번도 배신하지 않고 노란 알을 다 보여주곤 해서 얼마나 나를 행복하게 했는지 모른다.

엄마한테 가끔 그 반찬에 대해서 물어보면 엄마는 기억을 못하신다. 나도 커서는 그 어디에서도 이 생선을 본 적이 없고, 이런 반찬을 먹어본 적이 없다. 그래서 더욱 그때 그 맛이 혀끝에 착 감겨올 때가 있다. 어떻게든 흉내라도 내서 해먹고 싶은데, 도통 그 말린 작은 생선 이름도 모르겠고, 파는 데도 모르겠다.

생각해본다. 남편과 내가 각자의 맛으로만 기억하는, 엄마의 정성이 녹아 있는 음식을 만드는 방법을 알면 얼마나 좋을까 하고 말이다.

전쟁터를 누비던 종군기자 맷 매컬레스터는 엄마가 돌아가신 뒤 엄마의 부엌에서 엄마가 보던 요리책대로 엄마가 해주셨던 요리를 직접 해보면서 엄마를 잃은 뼈아픈 상처와 상실을 치유한다. 그리고 유년의 행복했던 시절을 떠올리고 엄마의 사랑을 추억했다. 이 감동적인 이야기는 《내가 엄마의 부엌에서 배운 것들》이라는 이름의 책으로 묶여 나왔다.

엄마의 요리는 엄마의 사랑 그 자체다. 아이가 특별히 맛있게 먹는 음식은 나중에 엄마를 기억하고 그리워하게 만든다.

이러면 어떨까? 아이가 좋아하는 음식을 만들 때, 부엌으로 아이를 불러 음식 만드는 과정을 보여주는 것이다.

"애호박돼지고기찌개는 말야, 여름에 밭에서 따온 호박이 들어가야 맛있는 거야. 돼지고기는 기름이 좀 붙은 것이 좋지. 먼저 들기름에 들들 볶다가 물을 부으렴. 좀 끓는다 싶을 때 고춧가루 한 숟가락 넣고 애호박을 뭉텅뭉텅 썰어 넣어. 찌개가 푹푹 끓어오르면 파도 넣고 마늘도 넣는 거야. 후추도 넣으면 맛있지. 두부를 숭덩숭덩 썰어넣으면 훨씬 감칠맛이 나. 어디 맛 좀 볼래? 어떠니? 맛있니? 이렇게 끓이면 되는 거야."

부엌에 초대받아 엄마가 어떤 정성을 들여 요리를 하는지 지켜보는 아이는 엄마의 사랑을 느낀다. 그리고 자신이 맛있게 먹는 음식을 엄마의 손이 어떻게 만들어내는지 그 과정을 눈에 담는다. 맛으로만 기억하는 것을 넘어, 오감으로 기억하게 된다.

엄마의 부엌에서 더 이상 엄마의 요리가 나오지 않게 되었을 때, 그 기억을 더듬어 엄마의 요리를 직접 할 수 있으리라. 엄마의 사랑이 미치도록 그리워질 때, 엄마의 요리를 기억으로 해나가면서, 엄마의 사랑을 불러올 수 있게 되리라.

**지금 당장 실행해야 할
사람의 실천 TIP**

■ 아이를 엄마의 부엌으로 자주 초대하세요. 밥을 다 차린 뒤 부르지 말고 밥을 준비할 때부터 오라고 하세요. 잔심부름도 시키고, 엄마가 정성들여 음식하는 모습을 지켜보게 해주세요. 엄마가 아이의 건강을 위해 얼마나 신경을 쓰고 있는지 보여주세요.

■ 아이가 좋아하는 음식 레시피 딱 다섯 가지만 가르쳐주세요. 우리 아이가 특별히 좋아하는 음식은 콘치즈, 토르티야, 달달한 볶음김치, 파인애플베이컨볶음밥, 고구마맛탕입니다. 레시피가 모두 아이도 쉽게 할 수 있을 정도로 쉽습니다. 심지어 내 손이 가지 않더라도 스스로 해먹을 수 있을 정도입니다. 아이가 커서 엄마 손맛이 그리울 때면 이 음식들을 생각할 겁니다. 그때는 아이가 스스로 해먹겠지요? 그날을 위해서 아이가 좋아하는 음식의 레시피를 알려주세요.

성장을 축하하다
– 굉장한 순간을 포착하기

또 한 번 굉장한 순간을 앞에 두고, 우리 가족은 축배를 들었다. 맛있는 갈비를 뜯고, 무용담을 듣고, 맹물과 소주가 든 잔을 들고, 치어스~ 건배를 나눴다.

둘째와 남편은 어제, 노고단에서 산 뒤로 풍덩 붉은빛을 안고 떨어져버린 해를 보았고, 밤하늘에서 소나기처럼 쏟아져내리는 별을 온몸으로 받았으며, 불편한 대피소 나무 침상에서 서로의 온기를 나누며 밤을 지새웠고, 새벽길을 걸어 올라 정상을 찍고 낯선 어른들과 조우했고, 버스를 타고, 그렇게 한아름 모험담을 안고 막 돌아온 참이다.

남편의 소원은 딸들과 함께 지리산 종주를 하는 것이었고, 딸들은 그런 아빠의 소원을 들어줄 의지가 전혀 없는, 산과는 절대 친해지려 하지 않는 성향을 지녔다.

공부하느라 바쁜 태은이에게는 차마 꺼내지 못한 말을 남편은 조용하고 은근하게, 스미듯, 몇 달에 걸쳐 태윤이에게 부탁했나 보다. 태윤이에게 무슨 생각으로 지리산에 가기로 결심했는지 물어봤더니, 국립공원 홈페이지 앞에 날마다 부러운 눈빛을 하고 앉아 있는 아빠의 뒷모습이 너무 간절해 보여서였다고 했다. 그만큼 남편은 간절했다.

태윤이가 지리산에 가겠다고 나섰을 때는 믿을 수가 없었다. 내가 알고 있던 태윤이는 절대 그렇게 만만하게 움직이는 아이가 아니다. 방에 들어앉아 밤새 책을 읽어낼 수는 있어도, 걷고 움직이는 것은 즐기지 않는다. 오죽하면 자기 입을 옷을 사러 나가는 것도 귀찮아서, 언니 학교 운동복을 교복처럼 입고 다닐까?

남편이 이처럼 포기하지 않고 맘속에 품고 있던 꿈을 나는 애시당초 꾸지도 않았다. 딸들이랑 지리산을 오른다? 그것도 정상까지? 가능하지 않은 소망이라 남편도 곧 단념하리라 여겼다. 그런데 우리 태윤이가 아빠랑 단둘이 지리산 종주에 성공을 한 것이다. 우리 태윤이 삶의 역사의 한 장을 차지할 만큼 아주 중요하고 굉장한 순간이 아닐 수 없다. 이 굉장한 순간을 거쳐, 또 얼마나 성장할지를 상상하면 가슴이 벅차 오른다.

남편과 태윤이는 매년, 꼭 한 번씩은 둘만의 여행을 다녀왔다. 재작년에는 여수 비렁길 10킬로미터를 울며불며 걷다 왔고(중요한 것은 울면서도 다 걸었다는 것이다), 작년에는 비행기를 타고 제주도까지 가서 의견 충돌의 끝장까지 보고 온 추억이 있다.

무슨 터닝 포인트처럼 태윤이는 아빠와 여행을 다녀온 때를 기점으로, 비약적으로 자랐다. 키는 10센티미터 20센티미터씩 훅훅 자랐고, 어제까지 분명히 어린아이의 마음을 가지고 있던 애가 어느 날 갑자기 사춘기 소녀의 마음으로 바뀌어져 있곤 했다. 그래봤자 이제 겨우 5학년일 뿐인데, 태윤이는 성장의 폭이 워낙 넓고 깊어 체감 느낌으로는 20대 어느 시기를 살고 있는 듯싶을 정도다.

작년에 제주도를 다녀온 뒤 태윤이는 겨울잠을 자러 들어간 곰처럼 자기 방에서 나오질 않았다. 안에서 뭘 하는지 도무지 알 길이 없었고, 우리는 문 앞에서 날마다 서성였다.

누워서 빈둥거리고, 책 읽으며 빈둥거리고, 글 쓰면서 빈둥거리며 보낸 게 몇 달은 족히 넘었던 것 같다. 그렇게 몇 달을 보내고 문을 열고 나온 아이가 갑자기 어른의 모습을 하고 있는 거였다. 어느 순간 정신을 차려 태윤이 얼굴을 보니, 어린아이 같던 태윤이는 온 데 간 데 없고, 어른 같은 아이가 서 있는 거였다. 그때의 낯섦이란……. 서운하기도 하고, 믿음직스럽기도 하던 그 혼란스러움은 뭐라 표현할 수 없을 정도였다.

그렇게 태윤이는 한 시기, 한 시기를 거치면서 굉장한 순간들을 맞이했고, 굉장한 순간을 넘어설 때마다 마치 양질전환의 법칙처럼 고요하게 에너지를 모았다가 비약적으로 분출시키는 성장을 매 순간 보여주었다.

우리 부부는 그저 그 시간들을 조용하게 지켜볼 뿐, 태윤이에게는 그어떤 간섭도 하지 않는다. 그저, 굉장한 순간이 올 때마다 온 마음으로 축하해주고, 태윤이의 미래에 기대를 품을 뿐이다.

우리 집에 유행처럼 떠도는 말이 있다. '세상에 가장 쓸데없는 걱정이 태윤이 걱정'이라는 말이다. 생활 속에서는 이런 식으로 사용된다.

"태윤아, 이제 슬슬 수학공부 좀 해야 하지 않겠어?"
"여보, 무슨 그런 쓸데없는 참견을 하고 그래?"
"내일이 시험인데, 걱정되니까 하는 말이지."
"여보, 세상에 가장 쓸데없는 걱정이 태윤이 걱정이라니까. 필요 없는 걱정은 하는 게 아니지."

우리가 간섭하는 대로 움직여주지는 않지만, 태윤이에 대한 근거 없는 믿음은 너무나 확고하다. 실제로도 태윤이는 알아서 잘하는 아이이고, 그 믿음을 어떤 식으로든 증명해줘 왔다. 태윤이는 그런 아이다. 한다면 하는 애, 뭘 하든 알아서 잘하는 아이다. 그런 아이이기에 우린 아이가 어쩌다 맞이하는 굉장한 순간들을 그냥 지나칠 수가 없는 것이다.

아이가 자라는 시간들 속에는 축하해줘야 할 순간들이 보석처럼 숨겨져 있다. 학교에서 상장을 받아왔거나, 시험 성적이 올랐거나 좋은 학교에 입학했다거나 하는 외부의 평가에 따른 발달의 순간이 아니라 사랑하는 부모의 눈에만 보이는 성장의 순간을 알아봐야 한다.

아이들의 내면이 매일 어떻게 풍성하게 자라나는지는 사랑하는 사람의 눈에만 보이는 법이다. 어제까지 힘들어하던 심리적인 문제들을 스스로의 힘으로 이겨나가는 기적 같은 순간을 부모가 함께해주고 축하해준다면 아이들은 스스로를 믿게 된다. 자기가 얼마나 내면이 강한 사람인지, 얼마나 성장해 나갈 가능성이 있는 존재인지 확신을 얻을 수가 있게 된다. 중요한 것은 당장의 시험 점수나 성취의 정도가 아니라 바로 이런 자기 확신과 자기 신뢰인 것이다. 자신에 대한 믿음과 확신은 저절로 생겨나는 것이 아니다. 부모에게 "넌 괜찮은 아이야" "넌 성장하고 있는 중이야" "지금 모습도 멋지지만, 더 멋진 아이가 될 거라고 믿어"라는 말을 듣고 신뢰를 얻어야 조금씩 생기는 것이다.

■ 성장의 공간을 만들어주세요. 저는 아이들 어릴 적 사진과 지금 사진들을 에어컨에도 붙여두고 냉장고에도 붙여두고 있습니다. 어릴 적 사진은 볼 때마다 입가에 미소가 저절로 생깁니다. 아이들 사진을 보면서 웃는 부모의 모습을 아이들은 더 흐뭇하게 지켜봅니다. 성장을 기뻐해주고 있는 부모의 모습을 보면서 아이는 자기 존재를 긍정하게 되는 겁니다.

■ 성장의 시기 별로 아이의 중요한 물건 하나씩은 상자에 담아두세요. 아이의 배냇저고리, 첫 장난감, 첫 편지, 일기장, 반복해서 읽은 책, 아이가 친구들에게 받은 쪽지들…… 이 모든 것들이 아이가 성장해온 증거이자 역사입니다. 상자에 잘 담아주세요. 나중에 자신이 얼마나 잘 성장해왔는지를 눈으로 확인시켜주는 확실한 증거가 됩니다.

■ 오래된 비디오 영상이나 사진첩을 함께 보는 시간을 가져보세요. 청소 중에 아이가 어렸을 때 찍은 비디오 영상을 찾은 적이 있습니다. 다 큰 아이가 자기 어릴 적 귀여운 모습을 보더니 좋아 죽더라고요. 함께 보면서 어린 시절에 얼마나 예뻤는지 이야기 많이 해주세요.

■ 어릴 적에 있었던 이야기를 자주 들려주세요. 사람은 누구나 자기가 기억하지 못하는 시절의 자기 이야기 듣는 것을 좋아합니다. 그것이 좋은 시절의 이야기라면 더 말할 게 없지요. 어느 유명한 강사의 어머니는 태몽까지 지어서 들려주셨다잖아요. 저도 아이들 어릴 적 이야기는 조금 더 긍정적으로 각색을 해서 들려줍니다. 조금 똑똑했을 뿐인데, 엄청 똑똑했다고 표현해주는 것이지요.

아이와 만나는 순간을
환대하다

모 방송국에서 방영되고 있는 '복면가왕'이란 프로그램이 인기가 있는 이유는 여러 가지일 거다. 편견을 가지지 않은 상태에서 온전하게 노래 부르는 사람의 목소리에만 집중하게 하는 힘, 오랫동안 대중에게 잊혀졌던 연예인들의 등장, 전혀 상상하지 못했던 의외의 인물의 놀랄 만한 노래 솜씨 등등이 복면가왕에 열광하게 하는 이유일 것이다.

하지만 내가 눈시울 붉혀가면서 '복면가왕'을 보는 이유는 그 무대가 환대의 공간이기 때문이다. 이 프로그램에서 스포트라이트를 받는 이는 가왕이 아니다. 그는 승자가 아니라 오히려 누군가와의 대결에서 패배하고 가면을 벗어야 하는 패자이다. 노래 대결에서 이기고 지고는 아무 상관이 없다. 어쩌면 가면을 벗기 직전의 그 떨리는 순간을 더 기다리는 사람도 있지 않을까.

관객과 시청자들은 가면 속 주인공이 과연 누구일지, 기대에 찬 표정으로 기다린다. 그리고 드디어 그가 가면을 벗는 순간, 지켜보는 모든 사람은 환호성을 내지르게 된다. 너였구나! 하는 놀람, 정말 보고 싶었다는 그리움이 박수와 환호에 뒤섞여 마구 터져 나온다. 이 순간을 나는 '환대의 기쁨을 아는 공간'이라 부르고 싶다.

나를 온전하게 환대해주는 곳이 과연 얼마나 될까? 내가 쓰고 있는 사회적인 가면과 상관없이, 내가 서 있는 사회적인 위치와 아무 상관없이 내 모습을 있는 그대로 열광하며 받아들여줄 사람을 나는 가지고 있는가?

어느 공간에 가면 우리도 저와 같이 환대를 받을 수 있을까? 패배한 사람, 잊혀진 사람, 잘못을 저질러 외면받던 사람이 존재 자체로 환대받는 기쁨의 공간에 나도 서고 싶다. 그래서 나는 '복면가왕'을 볼 때마다 눈물이 난다.

우리 아이들은 어디에서 환대받는 존재인가? 학교에서는 온전하게 환대받고 있을까? 친구들 사이에서는 환대받고 있는가?

아이들의 세계도 이미 경쟁의 전쟁터이다. 공부를 잘하거나, 어른들 말씀을 잘 듣는 학생이 아니면 학교에서 조건 없이 환대받기는 힘들다. 아이들의 친구 관계도 순수하지만은 않다. 아이들은 서로 인정받기 위해 또래 안의 경쟁 구도 속에서 힘겨운 다툼을 하고 있고, 배제당하지 않기 위해 눈치를 보느라 날마다 힘겹다. 아이들은 어디서도 있는 그대로의 모습 자체로 환대받지 못하고 있다.

사람이 온전히 환대를 받는다는 것은 아주 중요한 문제다. 사람은 관계를 맺으며 살아갈 수밖에 없다. 수많은 관계 안에서 살아갈 수 있는 힘은 내 존재가 온전히 받아들여지고 환대받는 것에 놓여있다. 환대받지 못하고 배제당하면, 사람은 살 힘을 잃는다.

아이들은 어렸을 때부터 환대받은 경험이 많을수록 자존감이 높아진다. 환대받는 아이는 자신이 얼마나 사랑받고 있는 존재인지, 자신이 얼마나 귀한 사람인지 날마다 확인하게 된다.

가정은 아이들이 온전히 환대받을 수 있는 '유일한' 공간이어야 한다. 집에서만큼은 우리 아이에 대한 온갖 평가기준을 내려놓고, 존재 자체를 온몸으로 환영해줘야 한다. 집에서까지 아이를 평가해서 환대해줄지 말지 가늠한다면 아이들은 설 곳이 없어진다.

아이가 학교에서 돌아오면 되도록 집에서 맞아주는 것이 좋다. 현관문을 열고 '엄마~~' 하고 들어오는 순간, 격렬하게 안아주는 거다. 아이가 없는 동안 얼마나 보고 싶었는지 말해주고, 이렇게 안고 있는 순간이 얼마나 행복한지 말해주는 거다.

직장을 다니는 부모라면, 퇴근하면서 현관문을 열고 아이부터 큰 목소리로 부르자. 네가 집에서 나를 기다려줘서 집에 빨리 돌아오고 싶었다고, 직장에서 네 생각하면서 일 열심히 했다며 아이를 안아주는 거다. 집에 들어서자마자 숙제는 했는지, 집은 왜 이렇게 어질렀는지 다그치면, 아이는 환대받는 느낌을 가질 수 없다. 오히려 부모는 자신을 평가하고 비난하고 지시하는 존재로 비쳐질 뿐이다. 그러면서 아이에게는 집조차 불안감을 주는 공간이 되어버린다.

 집만 생각하면 따뜻함을 떠올릴 수 있도록, 아무리 힘들어도 집에 가기만 하면 위로받을 수 있다고 느낄 수 있도록 가정은 환대의 공간이어야 한다. 어떤 가면을 쓰지 않아도, 착한 아이가 되기 위해 자신을 감추지 않아도, 무엇을 못해도, 모자라도, 부족해도 그저 존재 자체만으로 온전하게 환영받는 집이 있다면, 아이들은 멋지게 성장해 갈 것이다. 자신감이 넘치고 자존감이 꽉 차 올라 어디서 무엇을 하든 빛나게 된다. 아이를 열렬하게 환대해주는 일상의 작은 노력은 아이의 마음에 사랑을 심어주는 마법이다.

■ 설레는 마음을 가지고 아이를 기다려주세요. 아이가 학교에 간 뒤 뒷정리를 하다 보면 아이가 정말 그리워질 때가 있습니다. 그런 마음을 매번 가질 수는 없겠지만, 노력은 해보자고요. 그런 마음으로 기다려주는 엄마가 있다면 아이는 정말 행복해 합니다. 꼭 표현해주세요. 정말 기다렸다고.

■ 아이가 들어올 시간에 맞춰 맛있는 간식을 준비해주세요. 현관문을 열면 엄마의 얼굴보다 맛있는 냄새가 먼저 반길 수 있게 말입니다. 말하지 않아도 아이들은 압니다. 엄마가 어떤 마음으로 저를 기다렸는지, 어떤 마음으로 간식을 준비해주셨는지.

■ 직장을 다니는 엄마들은 쪽지나 문자로 대신해도 충분합니다. 간식은 미리 챙겨두고 출근하면 됩니다. 아이가 하교해서 간식을 먹을 때쯤 꼭 전화를 해주세요. 숙제 잘 해놓으라는 말은 말고, 맛있게 먹고 있는지 물어보세요. 함께 먹어주지 못한 안타까움도 전해주시면 좋겠죠? 아이는 다 느낍니다. 엄마의 진짜 마음을. 그것만으로도 충분하니 직장 다닌다고 미안해하거나 자책하지 말아주세요.

■ 아이와 함께 놀 수 있는 '꺼리'를 준비해주세요. 영화를 좋아하면 함께 볼 만한 영화를, 게임을 좋아하면 보드 게임을 준비해보세요. 간식을 먹고 나서 한바탕 웃으면서 엄마와 놀 수 있게 미리 준비하면 좋겠지요. 바로 공부하라고 닦달하지 마시고 긴장을 좀 풀어놓을 수 있는 시간을 주세요. 아이들 학교생활 많이 피곤하답니다. 긴장을 풀어놓을 수 있는 시간이 있어야, 공부도 더 잘할 수 있고요.

존재를 긍정하다
– 팔불출 자랑

내 어머니는 분명 한쪽 눈이 먼 분이셨다.
어릴 적 운동회 날, 실에 매단 밤 따먹기에 나가
알밤은 키 큰 아이들이 모두 따가고
쭉정이 밤 한 톨 겨우 주워온 나를
이것 봐라, 알밤 주워왔다!고 외치던 어머니는
분명 한쪽 눈이 깊숙이 먼 분이셨다.

〈중략〉

이것 봐라, 내 새끼 알밤 주워왔다!고
사방에 대고 자랑하셨다.

_문정희 '밤 이야기' 중에서

내 아버지도 시인의 어머니처럼 나를 자랑하시곤 했다. 유년 시절의 아버지는 자기만의 세계에 갇혀 있었던 무서운 분이었지만, 고등학생이 된 이후의 아버지는 나를 지지해주는 유일한 분이었다.

모르겠다. 나의 무엇이 아버지에게 믿음을 주었는지. 내가 기억하는 어느 순간부터 아버지는 늘 내 자랑을 입에 달고 사셨다. 뭘 해도 될 놈, 어디 두어도 잘 살아갈 놈이라고. 아버지는 내가 여느 딸처럼 살기를 바라지 않으셨다. 여성스럽지 않은 나의 태도를 자랑스러워하셨고 보내주는 용돈의 절반 이상을 책 사는 데 쓰는 것을 대견해하셨다. 이런 자랑스러움과 대견함을 주변의 사람들에게 늘 이야기하셨고, 그런 아버지의 자랑을 전해 듣노라면 내가 대단한 사람인 것처럼 느껴졌다. 아버지의 자랑처럼 나는 꼭 잘 된 놈이 될 것 같은 믿음과 확신이 내 안에 자리 잡았다.

내가 생을 향해 긍정적인 태도를 가지고 있다면, 나의 미래에 대해 밝은 것만 꿈꾸는 자세를 가지고 있다면, 그것은 모두 아버지의 자랑 덕분이다.

결혼할 때, 2톤 트럭 한 대 분량의 책만을 혼수로 가져가는 딸에게 "네 몫의 삶이 분명히 따로 있으니, 그 삶을 살아야 한다"고 말씀해주셨을 정도로 아버지가 나에게 거는 기대는 컸다.

아이의 자존감을 키워주는 방법 중 하나는 다른 사람들에게 아이의 칭찬을 하는 것이다. 아이에게 직접 전하는 칭찬도 좋지만, 딴 사람에게 하는 자신의 칭찬을 듣는 만큼 좋은 것도 없다. 다른 사람이 있는 자리에서 부모가 자기를 칭찬하면, 아이는 자신의 존재가 얼마나 귀한 대접을 받고 있는지 알게 된다.

가끔 아이 친구의 엄마들과 만나거나 강의 현장에서 부모님들을 만나보면, 자식 자랑보다는 험담을 하는 경우가 많았다. 자식을 너무 자랑하면 왠지 경솔한 부모가 될 것 같고, 자식의 버릇을 망치지 않을까 하는 두려움 때문이다. 물론 입만 열면 자식의 성취에 대해서 자랑하는 부모는 보기에 좋지 않다.

자식을 남한테 자랑할 때는 지켜야 할 원칙이 있다. 아이의 성적이나 성과물에 대한 자랑은 오히려 독이 될 수도 있다. 아이가 1등을 했다거나 어느 대회에서 큰 상을 받았다거나 하는 결과물에 대해 지나치게 자랑을 하면 듣는 사람 입장에서도 과히 유쾌하지 않고, 칭찬의 당사자인 아이에게도 부담이 된다. 부모의 칭찬이나 자랑이 자신이 이룬 성과물에 대한 것이라면, 늘 그 정도의 성과물을 가져와야 칭찬을 받는구나 하는 불안감을 가질 수 있기 때문이다.

칭찬을 하기 전에, 자신이 아이의 어떤 면을 소중하게 여기는지 생각해 보았으면 한다. 아이의 인격이나 내면의 풍요로움, 배려와 같은 정서적인 안정감을 칭찬하고 자랑하면 아이는 그 부분의 가치를 내면화할 것이다. 아이의 가능성, 아직은 아니지만 미래에 어떤 놀라운 성장을 이룰 아이인지에 대해 자랑하면 아이는 반드시 그렇게 성장한다. 남들 앞에서 현명한 방법으로 아이를 칭찬하고 자랑하는 일은 자존감을 키워주는 핵심적인 과정이며, 그런 과정 속에서 아이는 부모의 사랑을 느낀다. 부모의 믿음에 보답하고 싶은 마음이 자연스럽게 생겨난다.

■ 겸손한 마음으로 자랑하세요. 자식 자랑을 할 때는 정말 겸손한 마음으로 하는 게 중요합니다. 혼자서만 주구장창 자기 자랑에다 아이 자랑까지 하는 엄마는 불편합니다. 자랑을 하더라도 위화감을 주지 않는 선에서 할 수 있어야 합니다.

■ 아이의 잠재력과 가능성을 자랑하세요. 다른 사람에게 아이의 잠재력에 대해 자랑하는 것은 부모로서의 기원을 담는 행위이기도 합니다. 아이는 그런 부모의 기원을 자연스럽게 몸에 새깁니다. 어른이 되어 힘겨운 상황에 빠질 때, 그 기억은 아이에게 큰 힘을 줄 것입니다.

■ 아이에게 꼭 해줄 칭찬거리나 자랑거리가 생겼을 때는 시들기 전에 바로바로 해주세요. 시간이 지나면 잊혀지니까요. 아무리 사소한 칭찬이라도 아이에게는 힘이 되는 최고의 사랑 표현입니다.

실패를 축하하다
– 어렵지만 꼭 해야 할 일

자식의 실패 앞에서 의연한 부모가 있을까? 고백하자면, 엄마로서 나는 여전히 아이들의 실패에 의연하지 못하고, 그로 인한 심리적인 아픔에 유난히도 예민하다.

'너희들은 안 돼'라는 부정적 낙인을 매일 듣고 자란 청소년 시절의 아픈 기억이 있어서일까? 지금 못한 일은 앞으로도 못할 것이라는 생각이 나를 지배한다. 기억은 몸에 새겨져 시시때때로 내 삶을 붙드는 걸림돌이 되곤 한다. 집안 형편도 어려웠고, 중학교 때 공부도 열심히 하지 않았기에 고등학교는 읍내로 진학했다. 형편이 낫거나 공부를 잘했던 친구들은 시내에 있는 여고로 진학했다. 그때 나는 어디에도 속하지 않는 낙오자라고 스스로 괄호를 쳤다.

나와 함께 읍내 고등학교에 진학한 또래들은 모두 '날라리' 혹은 '문제아' 혹은 '농땡이'라 불리었고, 아무 상관없는 어른들의 시선에도 주눅이 들곤 했다. 학교 선생님들은 우리에게 충분히 나쁜 교사들이었다. 무엇이 먼저였는지는 모르겠다. 아이들은 무기력했고, 선생님들은 의욕이 없었다. 아이들은 수업시간에 당연하게 떠들거나 엎드려 잤고, 선생님들은 혀를 차며 비하와 경멸의 눈빛으로 우리를 쳐다보곤 했다. '너희들은 이미 글렀다'는 시선으로 꿈조차도 꾸지 못하게 아이들의 날개를 묶어버린 것이다.

누구 하나 우리를 일으켜 세우려 하지 않았다. 하지만 나는 그 틈에서 다르게 살고 싶은 욕망에 달떠 있었다. 아무도 나의 미래에 대해 긍정적으로 말해주지 않았지만, 나는 꿈이라는 것을 가슴에 품었다. 어쩌면 나도 꿈이란 것을 이룰 수 있을지 모른다는 희망으로 설레기도 했다. 마음에 꽃이 피자, 다르게 살고 싶어졌다.

학생으로서 할 수 있는 최고의 변신은 공부를 해보는 아이가 되는 것이었다. 모두가 엎드려 있는 어수선한 교실에서 홀로 공부하기란 쉽지 않았다. 이미 놓쳐버린 모든 공부의 기초는 큰 걸림돌이 되었다. 수학, 물리, 영어는 아무리 이해하려 애를 써 봐도 도저히 이해할 수 없는 암호와도 같았다. 심지어 국어조차도 벅찼다. 아침 이슬을 밟으며 학교에 가면 아무도 없었다. 빈 교실에 앉아 무식하게 공부를 했다.

야간자율학습이라는 게 그때도 있었지만 진짜 자율이었다. 어느 누구도 교실에 남아있지 않았다. 나는 홀로 남아 공부를 하고, 밤하늘의 별을 보며 집으로 돌아가는 생활을 오래도록 외롭게 했다.

그러나 슬프게도 성적은 변함이 없었다. 다른 아이들이 공부를 하지 않아서, 내신 성적은 늘 최고였지만 모의고사 성적은 바닥이었다. 그렇게 점수가 오르지 않는 게 신기할 정도였다. 과연 될까? 성적이 오르기는 하는 걸까? 대학은 갈 수 있을까? 의심과 불안과 싸우는 게 더 힘들었다.

내가 잘하고 있는 건지 누구한테든 묻고 싶었지만 아무도 없었다. 하면 된다고 말해주는 어른이 없었다. 날마다 절망했다. 그때의 불안과 절망, 낙인은 마음에 화인으로 남아, 사는 동안 수시로 나를 아프게 했다. 훗날, 사람은 얼마든지 변할 수 있다는 것, 날마다 성장해 가는 존재라는 걸 알게 되었을 때 나는 오랜 상처를 극복한 것처럼 기뻤다. 물론 사람의 마음이 그리 쉽게 변하는 것은 아니어서 예전의 불안과 마음의 낙인은 늘 그 자리를 꾸준히 지키고 있었지만.

마음속 불안은 아이를 키우면서 더 커지곤 했다. 나 하나는 어떻게든 어르고 달래서 살아왔지만 내 아이에게는 그게 잘 안 됐다. 내 아이만은 자라면서 나와 같은 심리적인 고통을 겪지 않았으면 좋겠다는 열망이 어찌나 큰지, 늘 조마조마하고 전전긍긍했다.

이성적으로는 물론 잘 알고 있다. 사람이 성장하려면 더 많이 실패하고, 더 많이 좌절해야 한다는 것, 그 안에서 아이들이 성장한다는 것을. 그러나 마음속에서는 늘 싸움이 일어났다. 내 아이가 아프면 나는 더 많이 아팠고, 내 아이가 절망하면 나는 더 많이 절망했다. 할 수만 있다면 내 아이는 성공의 꽃길만 걷게 하고 싶었다. 이 마음을 이기려고 얼마나 많이 울었는지 말로 다 표현할 수가 없을 정도다.

지금 큰아이는 절망의 시간을 지나고 있는 중이다. 아이는 중2 여름방학의 끝물에 "그동안 잘못 살아온 것 같아"라는 말을 뱉어내더니 진짜 공부를 하기 시작했다. 방학을 몇 번 보내면서도 흐트러짐 없이 공부했고, 고등학생이 되어서는 반드시 빛을 내고야 말겠다는 의지로 누구보다 치열했다. 치열함은 잠을 줄이게 하고, 마음을 다그쳤다.

1학기 내내 수면부족으로 눈이 퀭했고, 누구보다 열심히 했지만, 누구보다 깊은 불안감 때문에 스스로를 닦달했다. 열심히 하면서도 늦은 것은 아닌지 불안해하는, 이제 겨우 열일곱 살짜리 딸아이를 보면서, 내가 열일곱에 겪었던 불안과 낙인이 떠올라 힘겨웠다.

불안한 마음은 힘이 세다. 제어하기 힘들 만큼 수시로 불안감이 올라왔다. 아이에게 들키지 말아야지 하면서 씩씩한 목소리로 격려를 했지만, 눈치 빠른 아이가 모를 리 없다. 엄마도 불안해 한다는 것을. 제발 아이가 열심히 한 만큼의 성과가 나와주기를, 그것으로 아이가 작은 용기를 얻을 수 있기를 얼마나 빌었는지 모른다.

삶이 본래 그런지 몰라도, 간절하면 더 안 이루어진다. 수면부족 상태에서 불안한 마음과 싸우며 한 공부가 질적으로는 훌륭하지 않았던지 아이는 만족할 만한 성적을 얻지 못했다. 아이는 실망했다. 실망한 아이를 바라보는 것은 힘겹다.

고등학생이 된 이후 맞이하는 첫 여름방학, 아이는 공부를 단단하게 붙잡지 못했다. 그동안의 긴장과 피로가 한꺼번에 몰려오는지 몸이 아팠고, 잠에 빠져들었다. 하루 이틀 쉬면 되겠지 했는데, 벌써 한 달이 다 되어 간다. 눈에 총기가 흐려졌고, 행동이 둔해졌다. 슬럼프에 빠진 느낌이다. 혹시라도 아이의 마음속에 '나는 해도 안 되는구나' 하는 절망이 크게 자리 잡고 있으면 어떻게 하나 싶은 생각에, 지켜보는 마음이 지옥이다.

절망을 딛고 다시 힘을 내어주기를, 그전처럼 열심히 공부하지 않아도 좋으니 마음속의 불안과 절망에 지지 않기를 간절하게 빌고 있다. 이 나날들 속에서 아이가 또 한 뼘쯤 자라려니, 이런 절망의 시간이 아이를 성숙시키려니 하면서 편하게 지켜보고 싶은데, 엄마인지라, 그게 잘 안 된다. 그러나 나는 엄마니까, 좋은 엄마이고 싶으니까, 아이에게 힘과 용기를 줘야 하는 사람이니까, 해야 한다.

아이를 좀 더 편안한 눈으로 부드럽게 봐줘야 하고, 지금 겪는 힘든 시간들이 사실은 보석 같은 시간임을 진심으로 믿게 해줘야 한다. 그 어떤 경우에도 늦었다고 생각하기에는 너무나 빛나는 나이라는 걸 스스로 깨닫고 받아들일 수 있게 곁을 지켜줘야 한다.

살아가는 일이란 수없는 실패와 절망을 견디는 일이며, 자신을 부정적인 낙인 안에 가두려는 수많은 시선들과 싸우는 일이라는 것을 스스로 배울 수 있게, 그대로 놓아두어야 한다. 지켜보는 동안 마음에 피가 흘러도, 수시로 울게 되더라도, 아이가 안쓰러워 미칠 지경에 이르더라도 겉으로는 덤덤하게 "괜찮아, 다 괜찮아" 할 수 있어야 한다. 엄마니까, 나 하나만이라도 악착같이 아이 옆에서 북을 쳐주는 용감한 사람이어야 한다.

■ 엄마의 마음공부가 필요합니다. 저는 불안할 때마다, 아이의 실패에 속상하고 화가 날 때 마다 책 속에 숨었습니다. 왜 내가 아이의 실패를 속상하고 두려워하는지 알고 싶기도 했 고, 그 마음을 다스려야 할 필요도 있었기 때문입니다. 그런 과정을 거치지 않고는 내 스스로 불안에 빠져 아이를 더 힘들게 할지도 모르기 때문이기도 했습니다.

■ 제가 읽고 도움을 받은 책들입니다. 불안에 빠질 때마다 조금 더 큰 그림을 그려보려 했 습니다. '잘 될 거야'라는 단순한 위로를 찾기보다는 불안을 조장하는 우리나라 교육제도의 모순을 알아보려 했고, 공부의 성취만을 중시할 경우 아이가 어떤 어른이 될지 미리 살펴보 고, 성찰하려고 노력했습니다.

– 애완의 시대: 길들여진 어른들의 나라, 대한민국의 자화상 | 김승옥 · 김은산 | 문학동네
– 대한민국 부모: 대한민국에서 가장 아픈 사람들의 이야기 | 김승옥 · 신희경 · 김은산 | 문 학동네
– 박재원의 부모효과 | 박재원 | 다산에듀
– 너는 늦게 피는 꽃이다 | 김인숙 | 휴
– 유쾌한 가족 레시피: 가족 편지 써주는 그녀의 심리 처방 | 정예서 | 비아북
– 엄마는 괴로워: 우리 시대 엄마를 인터뷰하다 | 동녘
  기획된 가족: 맛집이 화이트칼라 외식은 어떻게 중산층을 기획하는가 | 조주은 | 서해문집
– 입시 가족: 중산층 가족의 입시 사용법 | 김현주 | 새물결

■ 아이의 실패를 두고 생기는 실망과 불안을 표현하지 마세요. 부모가 아이의 실패를 의연 하게 보면, 아이들은 잘 이겨냅니다.
■ 실패를 겪을 때마다 실패 축하 파티를 열어주세요. 배울 것이 생겼으니 즐거운 일처럼 대 해주세요. 시험을 못 쳤거나, 친구 문제로 괴로워할 때는 더 맛있는 것을 해주세요.

있는 그대로의 아이를 존중해주기
– 최고의 사랑법

어쩐 일인지 '자유로운 영혼' 태윤이가 시험공부를 한다고 책을 펴고 앉는다. 책을 읽고 있는 내 곁에 앉아서 과학 교과서를 읽고 노트 정리까지 한다. 그 모습이 신기해서 나는 자꾸 태윤이를 힐끔거리고, 태윤이는 내가 읽고 있는 책표지에 호기심 어린 눈을 자꾸 가져온다. 그러다 둘이서 눈이 딱 마주쳤다.

"《호밀밭의 파수꾼》이 무슨 뜻이야? 나 이 책 많이 들어봤는데……."

"이 책도 알아?"

"응, 근데 19금 소설이라고 들은 것 같은데?"

이제 5학년밖에 안 된 태윤이는 아직 내가 읽어보지 않은 《노인과 바다》 《오만과 편견》 《제인에어》 같은 소설을 원전 그대로 읽은 아이다. 《호밀밭의 파수꾼》에 대한 이야기는 어디서든 한 번은 접했을 게 당연하다.

"야해서 19금은 아닐 텐데? 아무래도 방황하는 청소년이 주인공이니까,

아이들이 읽기에 적당하지 않은 책이라 여겨서 그랬을 거야."

"제목이 왜 호밀밭의 파수꾼이야?"

"이 책의 주인공이 열여섯 살 남자아이이거든. 명문학교에서 퇴학을 당했어. 하고 싶은 일은 딱히 없고, 주변의 어른들이 다 못마땅하고 자기는 그렇게 살기 싫고 그래서 방황을 하는 거지. 주인공이 유일하게 꿈꾸는 일은 호밀밭을 지키는 파수꾼이 되는 거야.호밀밭의 끝이 절벽이거든. 그곳에서 천진하게 노는 아이들을 가만히 지켜보다가 절벽에 떨어질 것 같은 위험한 순간이 되면 그 아이를 잡아주는 사람이 되고 싶다는 거지."

"와, 정말 멋진 일인데?"

태윤이의 눈은 이미 《호밀밭의 파수꾼》에 빠지고 말았다. 당장이라도 내가 읽던 책을 가져다 읽을 판이다. 이는 곧 시험공부를 계속하긴 글렀다는 말이기도 하다.

"어떤 점이 그렇게 멋진데?"

"멋진 꿈을 꾸고 있잖아. 아무 간섭하지 않고 아이들이 하는 대로 그냥 지켜보기만 하다가 도움을 주어야 할 때만 도와주는 일, 진짜 멋지지 않아? 우리 주변에는 그런 어른들이 없잖아."

"그렇지? 이래라저래라 어른들은 간섭이나 하고……. 혹시 엄마도 우리 태윤이한테 그런가?"

"나한테는 안 그러지만 언니한테는 좀 그러는 경향이 있지."

역시 자유로운 영혼의 소유자, 태윤이다운 말이다. 아직 어리지만 태윤이는 《호밀밭의 파수꾼》 이야기 한 토막만으로 우리 사회의 교육문제, 부모의 욕심을 단번에 알아차린다. 나는 또 이렇게 어린 딸에게 배운다.

호밀밭의 파수꾼을 꿈꾸는 홀든, 그 꿈을 멋지다고 말해주는 태윤이는 우리 주변에서 흔히 볼 수 있는 젊은 영혼들이다. 그 푸르디푸른 영혼을 우리 어른들은 그냥 놓아두질 못한다. 교육이라는 미명으로 어른이 올바르다고 여기는 가치관을 자꾸 넣어주려(주입이라는 단어는 차마 쓰기가 미안하다) 하고, 위험한 일은 미리 선을 그어서 도전도 못하게 만든다. 조금만 다른 방향을 향하려 하면 길을 벗어난 양떼 몰듯이 한쪽으로 몰아붙이는 일을 사랑이라는 이름으로 매일 저지르고 있다. 정작 아이들은 행복해 하지 않는 그 일을 부모라는 사명감으로 행하고 있는 것이다.

옛날 옛날, 나무를 잘 키우는 '곽타타'라는 사람이 있었다. 무슨 나무든 이 사람 손에만 가면 그렇게 잘 자랐다. 하루는 누군가 그에게 비법을 물었다. 그는 이렇게 대답했다.

"나무를 심은 뒤에는 잊어버린 듯 나무를 내버려두면 됩니다. 나무를 아낀다고 아침에 나가 돌보아주고 저녁에 가서 어루만지고 심지어는 나무가 살았는지 죽었는지 궁금하여 나무껍질을 손톱으로 까보기도 하고 뿌리가 튼튼히 박혔는가 하고 흔들어보기도 하는데, 그렇게 하면 오히려 나무가 제대로 자라지 못합니다."

아이를 키우는 일도 이와 다르지 않다. 아이에게는 거대한 가능성의 씨앗, 무엇이든 될 수 있는 잠재력이 갖춰져 있다. 홀든이 아이들이 노는 모습을 그대로 지켜보기만 하듯, 곽타타가 나무를 심어두고 지켜보기만 하듯이 아이들이 가지고 있는 가능성과 잠재력을 믿고 그냥 지켜보기만 하면 아이들은 제 본성대로 잘 자란다는 말이다.

물론 쉬운 일은 아니다. 쉽다면 누구라도 했을 일. 하지만 어느 누구 하나 아이를 그대로 두고 보려 하지 않는다. 사회적인 성공, 학벌과 명예를 두루 갖춘 누군가를 만들기 위해 열심히 조탁하는 사람이 더 많은 세상이다. 하지만 아이를 있는 그대로 보아주고 존중하는 일이 오히려 아이를 사랑하는 최고의 방법일 수 있다.

■ 아이의 장점을 10가지 찾아보세요. 부모교육 시간에 아이의 장점을 찾아보라고 하면 대부분의 부모들이 힘들어 합니다. 두어 가지 찾고 나면 더 이상 없다고 하죠. 아이의 장점을 성취나 재능을 기준으로 찾기 때문에 그렇습니다. 하지만 아이의 본성을 기준으로 찾으면 장점은 수도 없이 많습니다. 잘 웃는다, 맛있게 먹는다, 감사 인사를 예쁘게 잘한다, 친구의 이야기를 잘 들어준다 등등……. 우리 아이가 가지고 있는 본래의 면모를 두루 살펴보세요. 모두가 장점입니다.

■ 아이를 친구와 비교하지 마세요. 이웃집 엄친아의 존재를 의식하지 않기란 여간 어려운 일이 아니지요? 저는 비교의 늪에 빠지려 할 때마다 아이의 그릇에 대해 생각하곤 했습니다. 모든 아이들은 자기에게 딱 맞는 그릇을 가지고 있는데, 그걸 비교하는 것은 의미가 없기 때문입니다. 그저 멀리서 바라보며 내 아이는 내 아이만의 그릇대로 잘 살아갈 것이라고 믿으면, 아이들은 정말 제 그릇대로 잘 자랍니다.

3부 삶의 주인으로 세워주는 사랑의 실천 비법들

믿는 만큼 자라는 아이 - 조건 없는 믿음을 보여주기
다른 사람들에게 받는 최대의 찬사 - 인사 잘하기의 힘
사랑의 에너지를 충전하라 - 둘만의 데이트
삶에 대한 사랑을 배우나 - 시싱 나늘이 함께하기
스스로 성장하게 돕는 사랑 - 책 읽는 기쁨을 알게 해주다
자기 삶을 설명할 수 있는 언어 - 글쓰기의 힘
아이는 부모를 통해 세상을 본다 - 행복한 부부 모습 보이기
잘못했을 때는 화통하게 사과하다 - 아이를 존중하는 방법
아이를 주인공으로 만들어주다 - 친구 초대하기
엄마에게도 엄마가 있다 - 내리 사랑
사회적 연대로 더욱 강해지는 삶 - 지역 사회운동 단체 가입하기
부모의 가슴 뛰는 꿈을 보여주다 - 가상 인터뷰

제3부

삶의 주인으로
세워주는
사랑의 실천 비법들

나는 너희들을 사랑했다. 영원히 사랑한다. 이것은 어버이로서 너희들에게 보답을
받기 위해 하는 말이 아니다. (중략)
죽어 넘어진 어미를 먹어치우면서 힘을 기르는 사자 새끼처럼 힘차고 용감하게,
나를 떨쳐버리고 인생의 길로 나아가거라. 너희들은 내가 죽어 넘어진 곳에서 새로운
발걸음을 내디뎌야 한다. 어느 방향으로 어떻게 걸어가야 하는가를 너희들은 나의
발자취에서 어렴풋이나마 찾아낼 수 있을 것이다.
아이들아, 불행하지만 동시에 행복한 너희 아버지와 어머니의 축복을 가슴에 간직하고
인생의 여정에 오르거라. 앞길은 멀다. 그리고 어둡다. 그러나 두려워하지 말거라.
두려워하지 않는 자의 앞에 길은 열리기 마련이다. 가거라, 용감하게, 아이들아!

_루쉰 '아이들에게' 중에서

믿는 만큼 자라는 아이
– 조건 없는 믿음을 보여주기

부모가 아이에게 한결같은 믿음을 보여준다면, 그 아이는 세상에서 가장 강한 배경을 가진 셈이 된다. 어떤 일을 하더라도, 어떤 실패와 마주하더라도 자신에 대한 믿음의 끈을 놓지 않는다. 자신을 믿는다는 것은 정말 어려운 일이다. 이미 겪어보지 않았는가? 뭘 해도 안 되는 경험 앞에서 좌절할 때, 자신을 믿기가 쉬운가? 산다는 것은 어쩌면 자신에 대한 믿음을 회복해가는 과정일지도 모른다.

자신을 믿는다는 것은 인간이 가져야 할 가장 높은 수준의 능력이다. 혼자서 갈고 닦기에는 너무 큰 능력이라, 어릴 때부터 가까운 어른으로부터 신뢰를 받는 경험의 데이터가 많이 누적되어야만 겨우 생긴다. 믿을 만한 근거라고는 하나도 없는 상태에서, 자기 결핍감과 상처로 응어리진 마음을 가진 채 스스로에 대한 믿음을 가진다는 것은 정말 어려운 일이다.

어릴 때부터 무조건 믿어주는 부모가 있다면 이야기는 달라진다. 엉뚱한 행동을 반복해도, 남들에게 좀 모자란다는 손가락질을 받아도, 도무지 부모의 말을 듣지 않고 제멋대로 행동하는 청개구리일지라도 당장 보이는 현실보다 곧 만나게 될 미래에 대한 기대와 믿음을 흔들림 없이 보여주는 부모의 존재가 있다면, 자신에 대한 믿음을 가질 수 있다.

믿음은 존재에 대한 사랑을 전제로 한다. 조건 없이 믿어준다는 것은 조건 없이 사랑해준다는 말과 다름없다. 조건 없는 사랑, 존재 자체에 대한 사랑을 받아본 사람은 그 어떤 비참한 상황, 처절한 실패 앞에서도 자신에 대한 사랑을 놓지 않는 법이다. 자기 존재에 대한 사랑은 자신에 대한 믿음과 한 쌍이다.

하지만 실제로 아이를 키워본 부모라면 아이를 믿는 일이 세상 어떤 일보다 힘든 일이라는 것에 공감할 것이다. 믿을 만한 행동을 해야 믿을 수 있는 것인지, 먼저 믿어줘야 아이의 행동이 믿을 만한 것으로 바뀌는 것인지 도통 모르겠다. 아무리 믿어주려 해도, 자꾸만 실망하게 되는 마음을, 겪어보지 않은 부모는 모른다.

지독한 사춘기를 겪어내느라 날마다 전쟁을 치르는 마당에 내 아이를 온전히 믿을 수 있겠는가? 지금은 게임에 미쳐 있지만 곧 괜찮아질 거야 하는 마음이 순순히 생기겠는가? 오히려 지금의 아이 모습이 변하지 않을 거라는 생각, 지금의 모습이 미래의 실패로 이어질 거라는 생각이 뭉쳐져서 부모의 마음속에는 불안의 덩어리가 커진다.

부모의 불안은 아이의 행동을 고치려는 욕구로 발현되고, 부모의 욕구와 아이의 욕구가 충돌하면 갈등으로 이어진다. 날마다 잔소리, 날마다 전쟁이 일어나는 것이다. 이 상태에서 부모가 순한 마음을 갖고 여유롭게 아이를 믿어줄 수 있겠느냐는 말이다. 도를 닦는 과정이 이만큼 어려울까?

나 또한 17년 동안 아이를 키우면서 제일 힘들었던 것은 흔들림 없는 믿음을 가지는 일이었다. 남편은 늘 일희일비하지 말고 아이를 그냥 믿어주기만 하라는데, 남들보다 조금 더 예민한 불안감을 안고 사는 내게는 너무 어려운 일이라 특별한 노력을 기울이지 않을 수 없었다.

아이를 믿지 못하겠다는 마음이 올라오면 의식적으로 내 마음을 다잡았다. 제일 먼저 나에게 되새긴 것은 아이는 내 뜻대로 내 의지대로 자라지 않는다는 것이다. 아이에게는 아이 몫의 삶이 있고, 겪어야 할 경험이 있다. 지금 아이가 겪는 모든 경험이 내 마음에 들건 들지 않건 모두가 아이에게는 소중한 의미를 지닌다. 아침에 일어나는 것이 힘들어 일주일째 씨름 중이라면, 그 경험이 훗날 어떤 의미 있는 변화로 이어질지 아무도 모르는 일이다. 이런 마음을 의식적으로라도 가지고 있으면 아침마다 전쟁을 치르는 것은 막을 수 있게 된다. 엄마가 아침마다 깨워주면 아이는 깨달음을 얻을 소중한 경험을 뺏기는 것이다. 아무리 못마땅한 일이라도 그것이 아이 삶의 자양분이 되어준다는 생각을 하면 너그럽게 봐줄 수 있고, 그 너그러움은 아이에 대한 믿음을 가질 수 있게 해준다. 그렇게 아이를 믿는 것이다.

믿는 만큼 아이가 자란다는 말은 진실이다. 부모가 아이를 믿어주는 일은 아이의 삶에 든든한 기둥을 세워주는 일과 같다. 믿음이란 수십 번 배반당하더라도 일관되게 보여주어야 한다. 일관된 믿음을 받으면서 자란 아이들은 자신감이 넘친다. 불안한 미래, 불확실한 장래를 살아가야 할 우리 아이들에게 필요한 무기는 그 어떤 실패에도 놓치지 않는 '자신에 대한 사랑, 자신에 대한 믿음'이다. 그 어떤 스펙보다 중요한 스펙이다.

아이를 키우는 부모로서, 나는 아직도 시험 당하는 중이다. 이래도 믿을 수 있어? 하는 수많은 도전 앞에 늘 새로이 놓여진다. 마음속 불안과 싸워야 하는 지난한 과정이지만, 승리하려고 애를 쓰고 있다. 엄마가 믿어주는 나니까, 나는 참 괜찮은 사람인 거야 하는 긍정성이 아이 마음에 쫙쫙 퍼지길 바라는 마음으로 오늘도 애를 쓴다.

■ 믿음을 자주 표현해주세요. 쪽지도 좋고 문자도 좋습니다. 아이들에게 긍정적인 메시지를 자주 들려주세요. 은연중에 아이들은 부모의 믿음을 가슴에 담습니다.

■ 믿음을 표현하는 보드판을 거실에 두고, 아이들에게 응원의 메시지를 써서 오며가며 읽을 수 있게 해주세요. 아이들에게 직접 써보라고 해도 좋습니다. 아이의 메시지를 읽고 긍정적인 피드백을 해주세요. 믿음은 서로 표현할 때 진짜 힘이 되는 법입니다.

■ 어른도 불안해하고 아픈 시대입니다. 아이들은 날마다 자기 속에 있는 불안에 흔들립니다. 잘하고 있다가도 확인받고 싶어 합니다. 자기 계발서의 문구도 좋고, 인문학의 한 구절도 좋습니다. 마음에 박혀 힘을 얻은 구절이 있다면 아이에게 정성껏 읽어주세요. 한 자 한 자 마음으로 눌러 쓴 손편지를 가방 속에 넣어둬도 좋겠습니다. 함께 힘낼 수 있는 방법을 자꾸 고민하고 실천해야 합니다.

다른 사람들에게 받는 최대의 찬사
– 인사 잘하기의 힘

"엄마도 금방 갑질한 거야."

"무슨 말이야? 내가 갑질을 언제 했다고 그래?"

"종업원이 인사하는데, 엄마는 인사를 받지도 않고 하지도 않았잖아."

"전화 받느라 정신이 없어서 그런 거지. 그럴 수도 있는 거 아냐?"

"엄마! 엄마가 인사 한 번 건네주면 일하시는 분들이 얼마나 힘이 나는 줄 알아?"

"일부러 안 한 게 아니잖아."

"조금만 더 신경 쓰면 할 수 있었어. 나는 세상 사람들이 모두 다정하게 인사를 건네고 살면 좋겠어."

엄마이면서 딸에게 혼나는 상황이 연출됐다. 가끔 있는 일이다. 하필 막 계산을 끝냈을 즈음에 전화가 왔고, 전화를 받느라 인사 건네는 종업원을 못 본 척하고 나온 것이 화근이었다. 인사를 매우 중요하게 생각하는 태은이에게는 그 장면이 거슬리지 않을 수 없었고, 그것을 가지고 나한테 잔소리를 한다. 우리 집에서는 이처럼 엄마가 딸들한테 잔소리를 듣는 풍경이 자주 연출된다.

사실 인사는 나도 아주 잘하는 편이다. 가끔 인사를 못하고 지나칠 때가 있긴 해도, 비교적 친절하고 싹싹하게 먼저 인사를 건네는 바람직한 사람이다. 하지만 태은이를 따를 수는 없다. 태은이는 머리끝부터 발끝까지 '친절 세포'가 퍼져 있는 아이고, 인사 잘하기로만 따지면 전국 상위 0.00001퍼센트 정도에 속하는 영재급이 아닐까 싶다.

태은이는 아주 어렸을 때부터 동네에서 만나는 어른들에게 인사를 아주 잘하는 유명한 아이였다. 아파트 놀이터에서든 엘리베이터 안에서든 어른을 만나면 공손하게 인사 건네는 법을 잘 알았다.

태은이의 친절한 인사 습관은, 잘 안 나가서 속을 태우던 집을 팔 수 있게 도와준 적도 있다. 아이가 초등학교 6학년 때쯤이었다. 이사를 앞두고 집을 내놓은 때가 여름이어서인지 매매가 잘 성사되지 않아서 고민이 많았다. 그러던 어느 날 아이가 혼자 집에 있을 때 갑자기 부동산에서 집을 보겠다는 사람과 함께 찾아왔다.

어른을 대하는 데 두려움이 없는 태은이는 찾아온 손님들에게 공손하게 인사를 드리고, 여기저기 집을 볼 수 있게 안내해드렸다고 한다. 나중에 계약할 때 들어보니, 아이가 너무 예의가 발라서 집을 계약하는 데 고민을 하지 않았다고 했다. 아이가 예의바르니 집안의 분위기를 알겠고, 긍정적인 에너지가 있는 사람들이 사는 집이니 분명 좋은 기운이 있을 거라는 생각이 들었다는 말이다.

인사를 잘하는 것은 단순한 예의 차원의 일만은 아니다. 자존감을 키우는 데에도 도움이 되는 아주 중요한 일이기도 하다.

부모의 품속에 있던 아이가 어느 정도 자라면 세상의 많은 것들과 만나게 된다. 부모의 품 바깥 타자들과의 만남은 인사를 건네는 것으로 시작한다. 아이들이 읽는 초기의 그림책도 대부분 '달님, 안녕' '사자야 안녕' 하는 인사가 주요한 내용이다.

인사는 자신의 존재를 세상에 알리는 일의 시작이다. 아이가 인사를 건넸을 때 돌아오는 것은 따뜻한 환대이자 자신의 존재가 세상의 타자들에게 받아들여지고 있다는 신호이다. 그 환대의 신호는 아이에게 자신감을 주고 자존감을 키워준다.

어린아이가 인사를 하면, 어른들은 그냥 지나치는 법이 없다. 따뜻한 눈빛으로 아이를 바라봐주거나, 인사 잘해서 예쁘다고 칭찬을 해주거나, 좋은 에너지가 담긴 손길로 머리를 쓰다듬어준다. 부모가 아닌 이웃 어른들로부터 받는 좋은 에너지가 듬뿍 담긴 따뜻한 칭찬이 아이의 존재감을 키워주는 데 작용한다. 아이는 그저 인사를 했을 뿐이지만 인사라는 행위를 통해 아이는 자신의 존재가 온전하게 환대받는 경험을 하게 된다.

환대받는 경험을 한 아이는 세상에 나아가기를 두려워하지 않는다. 어른을 대하는 자세에 자신감이 붙는다. 세상에서 낯선 타자들과 함께 어울려 지내는 일에 두려움을 가지지 않는다. 관계를 맺어가는 연습은 이렇게 인사를 하는 행위로부터 시작할 수 있다.

부모는 아이에게 인사를 잘하는 일이 얼마나 아름다운 가치를 만들어 주는지 몸으로 보여주어야 한다. 어렸을 때부터 길가에 핀 작은 풀꽃에도 따뜻한 인사를 건네는 모습을 보여주면, 아이는 그런 부모의 뒷모습을 마음에 새긴다.

■ 부모가 먼저 이웃에게 건강하고 행복한 인사를 하는 모습을 보여주세요. 그리고 상황에 맞는 다양한 인사법을 직접 보여주세요. 아이들은 그대로 배웁니다.

■ 큰 아이들일수록 인사에 인색합니다. 늦었다 생각하지 말고 인사의 중요성을 자주 얘기해주세요.

■ 동네 아이들이 인사할 때 그냥 지나치지 마시고 곱게 받아주세요. 간혹 어른들이 인사를 받지 않고 그냥 지나치는 모습을 보입니다. 다른 집 아이들을 귀하게 대하면 우리 집 아이들도 어디선가 귀하게 대접받습니다. 따뜻한 눈빛으로 다정하게 인사해줘서 고맙구나, 꼭 전해주세요.

사랑의 에너지를 충전하라
– 둘만의 데이트

우리나라 고등학생의 일과는 지옥이다. 태은이는 아침 7시면 등교해서 밤 10시에 하교한다. 집에 와서도 해야 할 숙제가 산더미라 새벽 1~2시까지는 잠을 잘 수도 없다. 여기에 더해 따로 자기 공부를 하는 아이들은 잠을 더 줄여야 한다. 체력적인 한계가 있으니, 자기 공부는 거의 할 수가 없다. 주말까지 쉬는 시간 없이 또 달린다.

시험은 3주에 한 번꼴로 돌아온다. 수행평가든 모의고사든 모든 점수는 공식적인 성적 집계에 반영된다. 시험 끝났다고 홀가분한 마음으로 쉴 수 있는 날이 하루도 안 된다. 1등부터 꼴등까지 모두 이 생활을 하고 있다. 예전에 나는 성적이 좋은 아이들만 열심히 한다고 생각했는데, 지금은 생각이 변했다. 공부를 잘하든 못하든 모든 아이들이 열심히 하고 있다. 학교에 잘 다니고 있는 것만으로도 충분히 잘하고 있는 것이다.

태은이는 3월에 입학해서 여름방학의 1차 보충수업이 끝나는 날까지 단 하루도 마음 편하게 쉰 적이 없다. 옆에서 지켜보기가 안쓰러울 정도로 잠과의 사투를 벌였고 체력 저하로 골골거렸다. 쉴 때는 쉬어야 한다고 얼굴 볼 때마다 말해도, 마음 편하게 쉬지를 못했다. 그렇게 달렸던 아이가 여름방학 보충수업이 끝나자 완전히 탈진했다. 신체적인 피곤함을 호소하는 것뿐 아니라 심리적인 불안으로 힘들어했다. 성적에 대한 압박감으로, 쉴 때도 마음은 여전히 공부 중이다.

옆에서 지켜보기가 정말 힘들다. 우리나라 교육제도 안에 있는 이상, 아이가 스스로 그 교육제도 안에서 적응하겠다고 고군분투하는 이상, 부모로서 해줄 일이 거의 없다. 그저 곁에서 응원해주고 요구가 있을 때 기꺼이 응해주는 정도다.

태은이가 쉬기로 한 날은 아주 특별한 날이 된다. 그날은 엄마와 태은이만의 '따로 데이트'를 한다. 가족이 모두 함께 여행을 가거나 외식을 하기 힘든 여건일 때는 시간이 되는 식구끼리만 논다. 지난달에 아빠와 둘째 태윤이만 지리산 종주를 다녀온 것처럼, 우리 식구들은 모두 다 함께 움직이지 않아도 된다고 여긴다.

지금은 태은이에게 충전이 필요한 시간이다. 번잡하지 않게 둘이 오붓하게 재미있는 시간을 보내는 게 더 좋을 시간인 거다. 먼저 야간극장에서 영화를 봤다. 태은이가 열다섯 살이 넘어서면서 가장 좋았던 게 15금 영화를 볼 수 있게 된 것이었을 정도로 우리는 함께 영화 보는 것을 좋아한다.

이번에는 최동훈 감독의 《암살》을 봤다. 태은이와 나는 심지어 취향까지 비슷해서 열광하는 지점도 같다. '하와이 피스톨' 역을 맡은 하정우의 매력에 맞장구치며 이야기하느라 며칠은 입이 쉬지 않는다. 우리 둘만의 다음 데이트 코스는 노래방이다. 사실 태은이는 친구들이랑은 노래방 가는 것을 좋아하지 않는다. 노래를 번갈아가며 불러야 하기 때문이다. 그런 태은이니까, 노래방에서 1시간 30분을 있는 동안 마이크를 딱 세 번 나한테 넘겼다. 그 긴 시간 동안 50곡 정도의 노래를 혼자서 아주 목이 쉴 정도로 열창을 했다. 속에 있는 울분을 노래로 털어내려는 듯 말이다.

나도 태은이랑 노래방 가는 게 좋다. 최신곡들을 라이브로 들을 수 있으니까. 신체적인 나이에 비해 심리적인 나이가 아주 어린 탓이다. 그렇게 노래를 부르고 나면 스트레스가 어느 정도는 풀린다니 그나마 다행이지 싶다.

다음 데이트 코스는 주로 가까운 바다 보러 가기다. 이번에 우리가 간 곳은 영광 백수해안도로다. 우리나라에서 가장 아름다운 길 가운데 몇 손가락 안에 들 만큼 아름답다. 차창 밖으로 보이는 하늘과 바다, 해안선의 미려한 흔들림을 보고 있노라면 마음은 금세 누글누글 풀린다. 차창을 내린 채 달리면서 노래를 듣다가, 따라 부르다가, 환호성을 질렀다가, 감탄을 하면서 우리는 아름다운 해안도로를 달렸다.

해안도로의 끝에 자리하고 있는 예쁜 카페에 들어가서 수다를 떨고, 가져간 책도 읽었다. 푹신한 소파에 편하게 기대어 우리는 연인처럼 속삭였다. "이게 얼마 만이야?"

해질녘쯤, 우리는 바닷가를 거닐었다. 물이 빠져 갯벌이 되어버린 바닷가에 발을 빠트려가며 손잡고 걸었다. 사진 찍기 놀이를 빼놓을 순 없지. 배경을 이리저리 바꿔가면서, 포즈를 이렇게 저렇게 다르게 취하면서 사진을 찍노라니 그냥 행복할 뿐이었다.

그렇게 둘만의 시간을 보내고 돌아왔더니, 에너지가 충전되었다.

태은이는 다시 지루한 일상으로 돌아갔다. 나 역시 엄마로 다시 돌아와 곁에서 지켜볼 뿐이다. 다 쓰고 보니, 부모로서 참 미안하다.

■ 아이와의 데이트 방법을 연구해보세요. 평소 아이가 좋아하는 것을 많이 알아두고 한 가지씩 신나게 실천해보세요. 엄마도 함께 즐기는 것이 중요합니다. 저는 우리 아이들과 놀 때 가장 즐겁더라고요. 우리 아이들과 제가 자주 이용하는 놀이들입니다.

– 시내 나들이와 자잘한 쇼핑하기.
– 한밤에 노래방 가서 원 없이 노래 부르기.
– 즉흥적인 당일 여행 훌쩍 떠나기.
– 날 잡아서 인스턴트 음식 실컷 먹기.
– 영화관에서 여러 편의 영화를 이어서 보기.
– 드라마 몰아서 함께 보기.
– 연애소설이나 만화책 쌓아놓고 읽기.
– 풍경 좋은 곳으로 사진 찍으러 가기.
– 밤길 산책 나가기.
– 예쁜 카페 가서 달콤한 케이크 먹기.
– 문구점 앞에서 뽑기 놀이 실컷 하기.
– 오락실 함께 가기.
– 스티커 사진 찍기.

삶에 대한 사랑을 배우다
– 시장 나들이 함께하기

대학 1학년 첫 여름방학 때, 고향에 내려가 네 살 차이가 나는 남동생이랑 아버지랑 가까운 도시의 시장으로 놀러간 적이 있다. 남동생은 영화관에서 영화를 봤고 나는 아버지와 손을 잡고 시장 구경을 했다. 아버지는 천천히 내 손을 잡고 걸으면서 "봐라, 저 장사하는 아줌마들 얼굴을. 다 너희 엄마의 얼굴이다. 다들 열심히 살지 않느냐? 너희 엄마도 저렇게 열심히 살았고, 고생도 많이 했다. 고마움을 가지고 살아라." 뭐 이런 말씀을 하셨다. 그때 나는 처음 확인했다. 날마다 싸우며 살았던 엄마, 아버지도 사랑하는 사이였다는 것을 말이다. 마음이 참 따뜻하게 물들었다.

시장이란 그런 공간이다. 단순히 물건을 사고파는 공간이 아니라 삶의 공간이다. 아이들에게 삶의 이치, 노동의 건강함을 가르쳐줄 수 있는 최적의 장소가 시장이 아닐까 한다.

아이에게 뭔가 깊은 가치를 알려주고 싶을 때 아이의 손을 잡고 시장에

가보라. 두런두런 시장 골목길을 천천히 걸으면서 아이에게 말을 걸어보라. 아이는 어쩌면 눈이 바빠서 부모가 하는 말의 깊이를 모를 수도 있다. 그럼에도 진심을 담아 아이의 손을 꼭 잡고 걸어보라. 훗날 아이의 인생에 어떤 이정표가 되는, 정말 중요한 날이 될 수도 있으리니.

몇 살 때인지는 기억나지 않아요. 학교에서 돌아왔더니 만날 방에 누워 계시던 엄마가 시장에 가재요. 신이 났지요. 촐랑촐랑 엄마 손을 잡고 시장에 갔는데, 엄마가 어묵 꼬치도 사주고 평소에 사달래도 사주지 않던 먹을거리를 사주셨지요. 얼마나 행복했었는지. 근데 그게 엄마와의 마지막 외출이었어요. 엄마는 병환 중이셨고 곧 죽음을 예상했었나 봐요. 아들한테 마지막 추억을 만들어주고 싶었나 봐요. 지금도 엄마 하면 그 시장이 먼저 떠오릅니다. (44세. 남)

어느 교육장에서 내 교육을 듣던 내 또래 남자가 들려줬던 이야기다. 가슴이 먹먹해지는 장면이지 않은가? 생의 마지막에 엄마와의 추억을 만들어주기 위해, 엄마의 사랑을 한껏 보여주고 싶어 아픈 몸을 이끌고 아들과 함께 시장에 나간 어느 어머니의 뒷모습이 시간을 거슬러 내 눈 앞에 선하게 그려진다. 그 엄마는 아들의 손을 잡고 시장 길을 걸으면서 얼마나 간절했을까? 엄마 없는 삶을 살아야 할 아들의 내일이 얼마나 걱정이 되었겠는가? 그 아이는, 그때 자기 나이만큼 된 아이를 키우는 아빠가 된 지금, 그 시장 길이 얼마나 애틋하게 기억될 것인가?

우리 집에서 재래시장까지는 걸어서 1시간 정도 거리다. 걷기에 좋은 길이 조성되어 있어서 둘째를 데리고 두어 번 가본 적이 있다. 둘째는 걷는 걸 엄청 싫어한다. 온갖 감언이설로 녹여야 시장 길을 함께 걸을 수 있다. 그렇게 걷다가 맛있는 소머리국밥을 한 그릇 먹는다. 국밥 좋아하는 둘째에게 그보다 좋은 유혹은 없다.

함께 시장을 오가는 시간은 둘째의 마음속을 깊게 들여다볼 수 있는 절호의 기회다. 평소에 하기 어려운 어린 딸과의 대화. 이날은 온전히 아이의 말에 귀를 기울일 수 있다. 아이는 아이대로 신이 난다. 엄마가 맞장구를 쳐주지, 손잡고 걸어주지, 국밥도 먹을 수 있지……. 걷는 건 힘들지만 딸아이 입장에서는 손해 보는 일이 아닌 거다.

가끔 아이의 손을 잡고 시장 나들이를 가자. 장터에 쪼그리고 앉아 자신의 삶을 이야기하는 어른들의 진솔한 모습을 보여주자. 하나하나 사람의 역사가 얼마나 아름다운지 눈으로 보여주자. 살아있는 사랑 교육이 따로 없다.

■ 마트에서 장 보고 쇼핑하는 것이 주말의 일상이지요? 가끔은 마트 대신 가까이 있는 재래시장으로 아이와 함께 나가보세요. 마트는 소비의 공간일 뿐이지만 재래시장에는 삶의 흔적이 진하게 스며 있습니다. 아이에게 삶의 현장을 보여주세요.

■ 시장에 가면 아이에게 돈을 주고 필요한 것을 직접 구매할 수 있게 해보세요. 그리고 말만 예쁘게 하면 값을 흥정할 수도 있다고 알려주세요. 그저 뒷짐 지고 천천히 따라 다니기만 하세요. 삶의 기술을 배우는 중요한 과정이 됩니다.

■ 새벽시장의 치열함을 보여주세요. 아이들은 새벽시장을 볼 기회가 좀체 없지요. 어느 하루 날을 잡아서 아이를 깨워 함께 다녀오세요. 얼마나 많은 사람들이 새벽부터 치열하게 살고 있는지 고스란히 보고 느낄 수 있는 기회를 주세요.

스스로 성장하게 돕는 사랑
– 책 읽는 기쁨을 알게 해주다

스콧 니어링의 자서전을 읽고 가슴이 뛸 때, 니체의 《짜라투스트라는 이렇게 말했다》를 읽고 온몸의 세포가 팽창되는 느낌을 받았을 때, 그런 각성과 영감을 아이들에게도 전해주고 싶어 안달이 난다. 밑줄 그은 부분을 읽어주기도 하고, 참 멋진 책이니 언제든 인연이 닿으면 읽어보라고 일러주기도 한다. 그렇게 전해준 야누쉬 코르착의 《어떻게 아이를 사랑해야 하는가》라는 책은 가르치는 삶을 살고자 하는 태은이에게 깊은 감명을 주었다.

나는 책을 매개로 아이에게 말해주고 싶은 삶의 메시지를 전한다. 나의 언어로는 제대로 설명하기 벅찬 것들을 책의 저자들은 훌륭하게 전해준다.

그렇게 읽은 책들, 밑줄을 그어놓은 손때 묻은 책들을 책꽂이에 가지런히 꽂아둔다. 아이들의 미래 어느 시간대에 내가 물려준 책들 속에서, 내

가 그은 밑줄들로 대화하기를 바라는 간절한 마음을 담아 한 권씩 모아
두고 있다. 자기 성장을 향해 가는 길을 찾고 싶을 때 책을 가까이 두고
지혜를 얻고, 외롭고 쓸쓸할 때 책 속에서 안식을 얻기를 바란다. 영혼을
풍요롭게 살려가는 중요성을 책은 말해줄 것이니, 아이들이 부디 알아봐
주기를 원한다.

책 읽는 사람의 미래는 그냥 믿는다. 책이 옳은 방향으로 데려갈 것임을
믿는 것이다. 내가 미처 다 전해주지 못한 지혜들, 삶을 지탱시켜줄 인식
들을 책은 친절하게 안내해준다.

내가 어렸을 때 아버지는 늘 아랫목에 누워 신문을 읽거나《신동아》,
《월간조선》과 같은 잡지를 읽고 계셨다. 하루도 책을 읽지 않는 날이 없
을 정도로 늘 가까이 두고 읽으셨다. 가끔 밥상머리에서 삶의 가치가 돈
에 있는 것은 아니라는 말씀을 하시기도 했고, 환희에 찬 모습으로《닥터
지바고》이야기를 들려주기도 했다. 무슨 말인지 하나도 이해할 수 없었
지만 아버지께서 굉장히 중요한 무엇을 우리에게 알려주고 싶어 하시는구
나 하는 느낌은 받았다. 막연하나마 아버지의 남다름은 책 읽는 자세에
서 나온다는 것을 알았고, 나도 책 읽는 사람이 되어야지 다짐하곤 했다.
가난한 시골 살림이라 내가 읽을 만한 책은 없었다. 이웃 친구네 집에
있는 세계명작전집을 한 권씩 빌려 읽거나 아버지가 읽던《신동아》를 넘
겨보는 게 전부였다. 그래도 나는 책 읽는 사람으로 자라고 싶었다. 그렇

게 시작된 책읽기 욕망은 대학에 들어가서 원 없이 충족되었다. 용돈의 대부분은 책을 구입하는 데 썼다. 읽었건 읽지 못했건 책꽂이에 책이 조금씩 늘어나는 걸 지켜보는 것은 큰 기쁨이었다. 다른 지평의 삶을 살고 있다는 자의식이 팽창해 있던, 겁없는 시절이었다.

책을 읽는 삶에 대한 든든한 신뢰가 자리 잡았고, 책읽기는 나의 꿈을 현실화시켜 주었다. 책 속에 있는 한, 나는 잘 살아낼 자신이 있었다.

아이가 어렸을 때, 부모로서 가장 정성을 쏟은 일 가운데 하나가 책 읽는 기쁨을 알려주는 것이었다. 다행히 두 아이 모두 책 읽는 기쁨을 알고, 책 속에서 성장하는 것의 소중함을 알고 있다. 긴 시간을 들여 책을 읽어주고, 재미있는 책 좋은 책을 곁에 놓아주고, 틈만 나면 책 읽는 장소에 데려간 덕분이라고 말하고 싶다.

아이들이 어렸을 때는 무릎에 끼고 앉아 아이가 읽었으면 하는 책을 몇 시간이고 읽어줬다. 창작 동화와 명작, 위인전 등 내 목소리를 거쳐가지 않은 책이 없을 정도로 엄청난 책들을 읽어줬다. 책을 많이 읽어주면 학습능력이 좋아지겠지, 공부를 잘하게 되겠지 하는 마음은 추호도 없었다. 그저 아이와 같이 호흡하며 책을 읽는 게 좋았다. 그러다 아이가 혼자 책을 읽기 시작하고, 곧 엄청난 속도로 읽기 시작했을 때는 구입하는 책만으로는 부족했다. 많은 책들을 구입했지만, 아이가 읽어내는 속도를 따라가지는 못했다.

그럴 때 나는 도시락을 싸서 아이와 함께 동네 도서관에 가거나 근처에 있는 대형 서점에 나가 하루 종일 책을 읽다 오곤 했다. 학원을 다니지 않으니 시간은 넘쳤다. 아침부터 밤까지, 아이는 아이대로 그림책을 쌓아놓고 읽고, 나는 내 책을 읽다 보면 시간이 도대체 어떻게 흐르는지 모를 정도였다.

그렇게 몇 년을 도서관과 서점을 놀이터 삼아 보냈더니 아이들이 어느덧 청소년이 되어 있었다. 물론 책읽기 덕분에 두 아이가 영재로 성장했다거나 특출한 학습능력을 자랑할 수준이 되는 드라마틱한 일이 벌어지지는 않았다.

하지만 그저 책 읽는 시간이면 눈이 반짝이며 행복에 젖어 있고, 늘 책읽기에 대한 갈증을 품고 있는 두 아이가 지금까지 읽은 책과 앞으로 읽을 책들이 가져다줄 엄청난 성장과 변화를 생각하면 나는 그저 감사할 뿐이다. 수많은 거인들이 우리 아이들을 무등 태워 더 높은 세상, 다른 지평의 삶을 보여줄 테니 이 아이들의 미래가 어찌 빛나지 않을 수 있을까?

내가 아이들에게 가장 잘한 일을 한 가지 꼽으라면, 나는 책을 읽어주고 책을 읽는 삶을 내 생활로 보여준 나의 정성을 꼽고 싶다. 실수투성이 엄마지만, 책 읽는 습관 하나 만들어준 것만으로 용서받을 수 있다고 생각한다.

아이가 아직 어리다면, 다른 무엇보다 책을 읽어주었으면 한다. 비싼 장난감, 멋진 여행 등 해주고 싶은 것이 많겠지만, 무엇보다 먼저 책을 읽어주기 바란다.

아이를 무릎에 앉혀두고, 재미있는 책 한 권씩만 읽어주자. 함께 호흡을 하면서, 살 냄새를 맡으면서 다정한 목소리로 책을 읽어주면, 아이는 엄마의 사랑을 듬뿍 받고 있다고 느낀다. 어떤 특별한 목적을 가지고 많이 읽어주려 하지 말고 그저 아이와 사랑하는 순간 하나를 만든다는 마음으로 읽어주면 아이는 책읽기를 즐거워하게 된다.

아이가 초등학교 고학년이거나 중고등학생일 경우, 어릴 때 책읽기 습관을 들이지 못했다면 책읽기가 어려울 수 있다. 그럴 때 부모는 으레 책 좀 읽으라는 잔소리를 할 것이다. 하지만 잔소리는 결코 아이들을 책의 세계로 인도하지 못한다.

그럴 때는 참을성을 가지고 부모가 먼저 책을 읽으면 된다. 가끔 아주 재미있는 책을 한 권씩 아이 책상에 놓아두라. 물론 쉽게 읽어주지는 않을 것이다. 그래도 읽고 감동을 받은 책이 있다면 몇 줄 좋은 구절을 편지로 써서 전하거나, 문자메시지로 보내주거나, 화장실이나 냉장고 문에 붙여두라. 보는 것 같지 않아도 아이들은 곁눈질로 다 읽는다. 읽고 마음에 새겨둔다.

그런 시간이 쌓이면 아이의 몸이 기억한다. 책 읽는 부모의 모습과 좋은 책을 권하는 부모의 정성을 언젠가는 알아주는 날이 온다. 그때 책읽기를 시작해도 늦지 않다. 나는 책 읽는 기쁨을 20대가 되어서야 알았다.

아이가 어느 연령대에 있건 상관없이 좋은 책을 읽는 것이 삶을 어떻게 성장시켜주는지 알려주어야 한다. 부모가 전해주는 삶의 가치나 지혜에는 한계가 있다. 하지만 아이에게 책이라는 좋은 스승을 가르쳐주면, 부모가 나서지 않아도 아이들은 스스로 성장해 나가게 된다. 아이의 삶을 예찬하는 가장 좋은 방법이 아닐 수 없다.

- 부모가 먼저 책을 읽는 모습을 보여주세요. 아이가 책을 읽도록 할 수 있는 가장 좋은 방법입니다. 저 또한 어릴 적 아버지의 책 읽는 모습을 보고 자랐습니다.

- 거실을 서재로 만들어보세요. 아이가 어릴 때부터 우리 집은 텔레비전을 거실에 두지 않습니다. 그 대신 책장과 탁자를 두고 항상 그곳에 앉아 책을 읽었습니다. 공간은 생활습관을 바꿔주기도 합니다. 처음에는 어려울 수 있지만 인내심을 갖고 시간을 보내다 보면 어느새 아이들이 책을 읽게 될 것입니다.

- 아이가 진짜 재밌게 읽을 수 있는 책을 구입해주세요. 만화책도 좋습니다. 재미있는 책은 빌리지 말고 반드시 구입해서 아이 주변에 놓아두세요. 언젠가 그 책을 집어 들게 되는 날이 옵니다.

- 좋은 책은 부모가 먼저 읽고 아이에게 읽어주세요. 아이들도 좋아합니다. 전체를 읽어주려 하지 말고 좋은 구절 한 단락 정도만 읽어주어도 됩니다. 같은 구절을 읽고 공감대를 형성하는 기쁨을 누려보세요. 아주 즐거운 경험이 될 것입니다.

- 주말에는 도서관이나 서점으로 가족이 모두 나가보세요. 하루 종일 책 속에 파묻혀 있는 것도 좋습니다. 도서관에 갈 때는 맛있는 음식을 함께 먹는다거나 하는 즐거운 일을 꼭 같이 해주세요. '도서관' 하면 좋은 이미지가 함께 기억나도록 세심하게 배려해주세요.

- 가끔은 책만 읽는 날을 정해보세요. 큰 아이들은 학교 공부가 바빠 책 읽는 시간을 내기가 쉽지 않습니다. 아주 가끔은 가벼운 마음으로 책을 읽을 수 있게 시간을 만들어주세요.

자기 삶을 설명할 수 있는 언어
- 글쓰기의 힘

우리 모두는 자기 삶의 연구자가 되어야 한다네. 내가 나 자신을 연구하지 않으면 다른 자들이 나를 연구한다네. 시장의 전문가와 지식 장사꾼들이 나를 소비자로 시청자로 유권자로 내 꿈과 심리까지 연구해 써먹는다네. 우리 모두는 자기 삶의 연구자가 되어야 하네.

_고미숙 《몸과 삶이 만나는 글, 누드 글쓰기》 서문 중에서

오래전에 읽은 책에 진한 밑줄이 그어져 있는 대목이다. 강하게 공명한 구절이라는 얘기다. 책의 어느 구절에 공명한다는 것은 그와 같은 문제의식과 그와 같은 욕망이 자기 안에 있다는 의미이기도 하다. 나는 늘 내가 도대체 어떻게 '나'로 살고 있는지 그 맥락이 궁금했고, 그 궁금증을 풀기 위해 책을 읽어왔다. 사회가 이리저리 재단하고 규정하는 여성으로, 누구의 아내로, 누구의 엄마로 텍스트화되는 것을 거부하고자 했다. 내 나름

의 저항이었고, 내 스스로 나이고자 하는 몸부림이기도 했다.

어린 시절 가졌던 무력감, 열등의식, 뭘 해도 삶은 변하지 않을 거라는 부정적인 의식이 사실은 가부장제 사회에서 여성이 사회화되는 과정 중에 가질 수밖에 없는 의식이라는 것을 알았을 때, 나는 삶에 대한 강한 확신과 의지를 되찾을 수 있었다. 모든 일이 내가 못났기 때문이라는 심리적인 문제들이 나만이 가지고 태어난 어떤 성정이 아니라는 것을 알게 되었을 때, 진심으로 나는 미래를 꿈꿀 수 있었다.

자기 삶의 연구자가 된다는 것은 아마 이런 의미일 것이라 생각한다.

스스로 인식을 하지는 못했지만, 나는 이미 그 이전부터 내 삶의 연구자가 되는 시간들을 건너왔다. 내 삶의 연구자가 되는 과정은 내 의지대로, 내가 원하는 대로 내 삶을 살아가겠다는 의지 표명의 과정이기도 하다. 특히 글을 읽고 글을 쓰는 일은 자기 몫의 삶을 연구하는 매력적인 일임에 틀림없다.

얼마 전 아주 반가운 일이 있었다. 고등학교에 다니는 큰딸이 책 쓰기를 시작한 것이다. 학교 공부에 치여서 그렇게 좋아하던 책읽기마저 못하고 지내는 모습이 안쓰럽던 차에 접한 소식이라 기쁨이 더 컸다.

지역 교육청에서 몇 군데의 학교를 선정해서 책 쓰기 프로젝트를 수행하도록 지원금을 주었다고 하는데 운 좋게 아이의 학교가 선정이 되었고, 선생님들의 강력한 추천으로 큰딸이 그 프로젝트의 일원으로 참여하게 되었다.

태은이는 그동안 자기가 읽은 책을 주제별로 나누어서 친구들에게 소개해주곤 했는데, 그것을 얼개로 한 글을 책의 주제로 삼겠다고 한다. 어릴 때부터 누구보다 책을 많이 읽어왔고, 그렇게 읽은 책들을 정리해둔 자료가 있어서 쓰는 것은 어렵지 않다. 친구들이 읽었으면 좋겠다 싶은 책을 주제별로 엮어서, 옆에서 이야기해주듯이 전해주고 싶다고 한다.

태은이는 요즘 학교 공부하느라 바쁜 시간을 쪼개서 글을 쓰고 있다. 엄마 입장에서 아이가 책을 쓰는 일에 부담이나 거부감을 느끼지 않고 용감하게 나서줬다는 사실이 그저 반갑다. 서툴지만 딸아이가 자기 삶에 대해 목소리를 내기 시작했다는 뜻이기 때문이다.

어릴 때부터 책을 많이 읽어온 아이의 생활에 대견한 마음이 들기도 하고, 책상 위에서 글을 읽고 쓰는 모습을 일상처럼 아이들에게 스며들게 했다는 나에 대한 뿌듯함이 생기기도 한다.

글쓰기는 특별한 재능이 있는 사람만 할 수 있는 일이 아니다. 물론 누구나 별다른 노력 없이 성취할 수 있는 일도 아니다. 그러나 책 읽는 시간이 어느 정도 쌓이고, 이런저런 문장을 끄적거리는 경험이 쌓이면 글쓰기는 누구라도 할 수 있는 평범한 일이 된다. 학교를 다니며 누구나 한글을 자연스럽게 익힐 수 있었듯이, 마음만 먹으면 할 수 있는 일이 글쓰기다. 부모로서 조금만 도와주면, 더 잘할 수 있다.

가장 좋은 방법은 마음에 떠오르는 감정과 느낌, 생각을 한 줄로 표현하는 것을 습관화하는 것이다. 카톡 메시지로도 좋고, 손편지로도 좋다. 부모가 먼저 아이에게 부모의 마음을 담아 쓴 문장들을 자주 보내줘보라. 아이들의 답장을 받으면 진심으로 기뻐하는 모습을 보여주고, 멋진 문장의 답장이 오면 아낌없는 칭찬을 해주라.

아이와 사랑을 하듯이 문장을 나누는 것이다. 멋진 문장을 통해 위로를 받거나 감동을 받아본 아이는 글쓰기의 힘을 온몸으로 배우게 된다. 글쓰기의 힘을 아는 사람은 글쓰기를 할 수밖에 없다. 그렇게 시작되는 것이다. 자기 삶을 글로 쓰는 일은 거창하게 시작할 일이 아니라 이렇게 사소한 생활 속 습관으로부터 시작할 수 있다.

마음속 간절함을 글로 써 나갈 수 있는 아이는 자기 삶을 멋지게 꾸려가게 된다. 주인으로서 자기 삶을 아끼고 사랑하며, 열정적으로 생을 살게 된다. 또한 자기가 가지고 있는 아름다운 생각들을 주변 사람들에게 나누어 줄 수 있다.

태은이의 책에 들어갈 꼭지 글 하나를 여기에 옮겨본다.

열심히 한 만큼 결과가 나오지 않아 힘들어하는 친구에게

내 주변에노 이번에 진짜 열심히 했는데 저번보다 못 봤어. 나는 진짜 해도 해도 안 되는 앤가 봐. 그냥 포기할래"라고 말하는 친구들이 참 많았어. 마음 다잡고 여러 유혹들을 뿌리쳐내며 누구보다 열심히 공부했는데, 시험 성적이 마음에 차지 않아 많이 힘들었지? 포기하고 싶다는 생각도 들고 말이야.

나도 정말 코피가 나도록 열심히 공부하고 온 힘을 다해 시험을 본 적이 있었어. '이번 시험 잘 봤겠지?' 하며 칠판에 붙은 점수들을 확인하는데 성적이 그대로인 과목도 있고, 떨어진 과목도 있고, 겨우 1점 오른 과목도 있는 거야. 순간 울컥하면서 '내가 겨우 이 점수 보자고 공부한 건 아닌데, 내 공부방법이 틀렸나? 내 머리가 안 좋은가?' 온갖 생각이 다 들면서 막 짜증이 나는 거야. 밥도 안 먹고 그날 하루를 어영부영 보내다가 집에 가서 엄마 얼굴을 딱 보는 순간, 쌓였던 눈물이 펑펑 터지더라.

엄마를 부여잡고 너무 힘들다고 이야기를 하는데, 엄마가 한참을 다독여주시더니 임계점에 대한 이야기를 해주셨어.

친구야, 물이 몇 도에서 끓어오르는지 잘 알지? 그래, 물은 100도가 되어야 끓어. 98도도 99도도 아닌 100도. 단 1도만 부족해도 끓지 않는 게 물이야. 끓기 직전에 불을 끄면 끝인 거지. 너희도 마찬가지야. 너희는 지금 시간과 노력을 투자해 99.9도까지 왔어. 여기서 주저앉으면 다시 0도가 되지만, 지금 이 순간을 견디고 꾸준히 열심히 하면 금세 100도가 다 채워져 파르르 끓게 될 거야.

할 수 있다고 믿고 나아가면 못할 게 없어. 이제까지 열심히 한 거 어디 안 가고 너를 더 높은 곳으로 쭉쭉 밀어주는 발판 역할을 해줄 거니까, 자신을 믿고 한 번만 더 도전해봐. 그러다 보면 웃을 날이 올 거니까.

그 대신 걱정이 조금 정리되었다면 너의 공부방법이 정말 효율적인지 정도는 생각해봐도 좋을 듯해. 앞에서 소개해준 책을 읽는 것도 하나의 방법이 되어줄 거야. 잊지 마! 넌 무슨 일이든 다 할 수 있는 힘을 가졌어. 끝이 아니야. 네가 노력한 만큼 너의 입꼬리는 더 올라갈 거야!

■ 존재의 테이블을 하나 마련하고, 엄마의 공부 자리를 만들어두세요. 공간은 어디든 상관없습니다. 방 한구석도 좋고 부엌 식탁이어도 좋습니다. 예쁜 테이블보도 깔고 촛불도 하나 올려두고 그곳에 자주 앉아주세요. 책도 읽고 일기도 써보세요. 엄마가 자기 삶을 성찰할 수 있는 중요한 자리입니다. 이곳에서 엄마가 먼저 글쓰기를 시작해보는 것입니다. 아이들은 그곳에 앉아 있는 엄마의 등을 보고 마음을 엽니다.

■ 아이에게 정성 들인 편지를 써보세요. 엄마의 이야기가 담긴 편지는 아이에게 글쓰기에 대한 영감을 줍니다. 글쓰기가 사람의 마음을 얼마나 따뜻하게 해주는지 몸으로 체험하게 되는 것이지요. 엄마의 정성어린 편지를 받아본 아이는 엄마에게 사랑을 담아 답장을 쓰게 됩니다.

■ 아이에게 받은 편지, 아이가 쓴 일기장을 소중하게 간직하세요. 자신이 쓴 글이 부모에게 감동을 준다는 사실을 알게 해주세요. 아이의 편지가 얼마나 마음을 훈훈하게 해주는지 자주 말해주세요. 칭찬을 받은 아이는 더욱 자주 편지를 써줄 것입니다. 바로 이렇게 글쓰기를 시작할 수 있습니다.

아이는 부모를 통해 세상을 본다
– 행복한 부부 모습 보이기

"행복한 가정은 미리 누리는 천국이다." 로버트 브라우닝의 말을 빌리지 않더라도, 행복한 가정은 그 자체로 이미 천국과 같다. 세상에 태어나 처음 마주한 타자인 부모의 모습은, 아이가 생애 최초로 만나는 관계이자 세계이다. 세계를 평화로운 무엇으로 받아들이느냐 아니냐는 오롯이 부부의 모습에 달려 있다.

아이에게 가장 큰 재앙은 부부의 불화를 날마다 보는 것이다. 아이는 부모의 관계를 통해 이 세계가 안전한지, 과연 살아갈 만한 세계인지를 탐색한다. 그러니 날마다 목도하고 경험하는 부모의 갈등은 아이의 존재 기반 자체를 뒤흔드는 강력한 위협이 된다. 아이는 자신의 존재 때문에 부모가 싸운다고 생각하며, 결국 자신의 존재는 아무런 가치가 없다고 여기는 데까지 이어진다. 부모의 불화는 가정을 차가운 공간으로 만들고, 그 공간에서 애정 없이 자라는 아이는 세상을 향한 기본 정서를 부정적인 것으로 가득 채운다. 애정의 결핍은 내적인 상처를 만들고, 사람을 어떻게 사랑하며 살아야 하는지 배우지 못한 채 세상으로 던져진다.

사람을 제대로 사랑하지 못하는 것이 우리 사회의 가장 고질적인 문제라고 나는 생각한다. 행복한 가정에서 충분한 사랑을 받고 큰 아이가 사랑할 줄 아는 어른이 된다.

어릴 적 나의 집은 행복한 공간이 아니었다. 늘 싸늘했고, 불안했고, 서글펐다. 그 시절의 나는 마음에 얼음을 한 가득 안고 있는 듯 추웠다. 언제 큰소리가 날까 늘 조마조마했고, 어쩌다 조금 평화로운 시간이 오면 그것이 더 불안해서 떨었다.

아버지가 있는 방은 담배 연기와 그보다 더 독한 침묵이 가득 차 있었다. 차마 들어갈 수 없었던 그 공간 밖에서 엄마는 날마다 짜증 섞인 말을 뱉어냈고, 아버지를 향한 분노를 우리에게 쏟아냈다. 욕설과 폭력, 지겨운 신세타령에 나는 날마다 쪼그라들었다. 한창 사춘기였던 언니마저 자기 방문을 쾅 닫고 들어가면, 우리 집은 얼음장 자체였다. 어디에도 낄 수 없는 어린 나는, 날마다 베갯잇을 적시며 잠들곤 했다. 그러면서 다짐했다. 엄마처럼 살지는 않겠다고.

결혼을 했다. 다정한 사람이라 좋았다. 남편과 가정을 꾸리면서 다짐한 일은 아이들에게 정말 행복한 가정을 보여주겠다는 것이었다. 행복한 가정에서 충분한 사랑을 받고 얼굴에 윤이 나는 아이들로 키우겠다는 것이 결혼생활의 목표였다고 해도 과언이 아니다.

처음부터 잘 되었던 것은 아니다. 남편은 성정이 곱고 차분한 사람이다.

갈등을 만들기보다는 조용히 해결해나가는 사람이고, 싸움을 걸지 않으면 싸울 이유를 가지고 있지 않은 사람이기도 하다. 반면 나는 다혈질에, 어릴 적부터 마음에 쌓인 화와 분노 때문에 자주 울컥거리는 사람이다. 신혼 초기에는 내 성격에 남편이 상처를 많이 받았다.

버럭 화를 내고 냉전기에 들어갔다가 풀어지는 부부싸움을 자주 했다. 아이들이 어렸을 때는 말이다. 그러다 더 이상 부부싸움을 하면 안 되겠구나 하는 걸 느끼게 해준 계기가 있었다.

무슨 일로 싸웠는지는 기억이 안 난다. 아마 일상적인 일이었을 것이다. 내가 화를 냈고, 남편도 내 화를 받아쳤을 것이다. 말싸움 끝에 분을 이기지 못한 내가 벽에 걸린 결혼사진 액자를 바닥에 내동댕이쳤고, 그 상황이 무안해진 내가 현관문을 박차고 나가려던 순간이었다. 큰딸이 울면서 달려들었다. 겨우 네 살된 딸아이가 내 다리를 붙잡고 "엄마 가지 마"를 외치며 놓아주지를 않았다.

지금까지도 태은이는 이 장면을 말하곤 한다. 아이한테는 굉장히 충격적인 한 장면이었다는 뜻이다. 그걸 뿌리치고 밖으로 나갔는데, 그렇게 창피할 수가 없었다. 도대체 뭐하는 짓인지, 아이한테 어떤 모습을 보였는지 부끄러워 고개를 들 수가 없었다. 다른 것은 다 참겠는데, 내 아이에게 집나가는 엄마의 다리를 붙잡고 울게 한 것은 용서가 되지 않았다. 그때부터 나는 달라졌다.

엄마와는 다르게 살겠다는 다짐을 실현시키기 위해서는 나부터 달라져야 한다는 아픈 각성을 했다.

그때부터 남편과 나는 어지간해서는 싸우지 않는다. 부부간의 사랑도 노력을 통해 가꿔갈 수 있는 것임을 나는 남편과 17년을 살면서 배웠다. 남편은 나의 성장을 누구보다 기뻐하고 환영하는 사람이고, 사랑하는 눈빛으로 나를 보아주는 유일한 남자다. 아이들은 나를 바라보는 남편의 눈빛을 보며 "아빠는 정말 엄마를 사랑하는 것 같아"라고 말하곤 한다. "아빠는 엄마 앞에서는 개구쟁이 소년의 얼굴이면서, 우리 앞에서는 잘 보여주지 않아" 하며 불평을 할 정도로, 남편은 나에게 한결같은 남자다.

17년 동안 함께 살면서 경제적인 위기도 겪어봤고, 시댁이나 친정 식구들로 인한 갈등도 있었지만, 그럴수록 우리는 더 뜨겁게 사랑하자고 다짐하고는 했다. 외부적인 위기 때문에 힘든 것도 억울한데, 그것 때문에 우리 사이가 안 좋아지면 그건 더 억울하고 힘든 일이다. 그래서 우리는 보란 듯이 더 사랑하면서 사는 길을 선택했다. 지금 이 나이에도 손을 잡고 다니다 보니 때로는 부부가 아니라는 오해도 받지만 우리는 부부의 새로운 전형을 만들고 있다는 자부심을 가지고 있다.

부부가 사랑하는 모습을 보여주는 것은 아이들에게 줄 수 있는 최고의 사랑이다. 아무것도 해주지 않아도 된다. 그냥 부부가 사랑하며 살면 그 긍정적인 에너지가 아이들의 삶에 자연스럽게 스며든다. 그런데 어떻게 된 일인지 한국 사회에는 사랑하는 부부는 없고 역할극을 하고 있는 부부만 있다. 부양의 책임을 다하는 가장의 역할, 자녀교육에 올인하는 매니저로서의 엄마 역할에 충실한 부부만 있다. 남편도 아내도 사람인데, 사랑받고 싶은 욕구를 가진 사람인데, 도대체 어디서 사랑을 찾고 있는 것인지 집에서는 도무지 찾으려 하지 않는다. 중산층 가정의 외도율이 높다는 현실은 그래서 슬프다.

부모교육의 현장에서 부부 사랑의 중요성을 이야기하면 사람들은 자조 섞인 말로 받아치곤 한다. 가족 간에는 '그런 것' 하는 게 아니라고. 아니 사랑을 부부끼리 하지 않으면 누구랑 한다는 말이며, 사랑을 연구하고 실천하지 않으면 도대체 무엇을 위해 산다는 말일까?

날마다 일에 치여 사는 것도, 아이들 교육에 전전긍긍하는 것도 다 행복하자고 하는 일일 텐데, 우리는 왜 행복을 미래로 보류하기만 하는 걸까? 지금 사랑하면 미래에도 행복할 텐데, 정말 중요한 것은 외면한 채 신기루 같은 성공만 쫓아가고 있는 것은 아닌지 걱정이 된다.

아이들에게 정말 필요한 것은 고액 과외도, 스펙 쌓기도, 비싼 체험활동도, 고가의 장난감도, 스마트폰도 아니다. 지금 아이들에게 필요한 것은 사랑하는 부모의 모습을 날마다 보여주는 것이다. 그 어떤 물질적인 것들보다 가치 있는 것이 사랑하는 엄마, 아빠가 만들어주는 행복한 가정이라는 안식처다. 그곳에서 아이들은 사랑받아야 한다. 그래야 아이들이 산다. 사랑은 살아가게 만드는 힘이기 때문이다.

- 사랑과 존중이 담긴 눈빛으로 서로를 보아 주세요. 의식적으로 연습해 나가야 하는 매우 중요한 일입니다.
- 부부가 가정의 중심입니다. 둘만의 시간을 자주 가지세요. 등산도 좋고, 영화를 함께 보는 것도 좋습니다. 같이 할 수 있는 취미생활을 적극적으로 찾아보세요. 함께하는 시간이 있어야 사랑도 깊어집니다.
- 아이들 앞에서 서로에 대한 흉은 보지 마세요.
- 자연스러운 스킨십은 아이들 앞에서도 괜찮습니다. 살아있는 성교육입니다.
- 서로의 삶에 연민을 가져주세요. 남편의 자리도 아내의 자리도 힘이 드는 자리입니다. 모두 그동안 살아오느라 애쓴 사람들입니다. 서로 보듬어주지 않으면 어디서도 위로받을 수 없습니다.
- 서로의 생일상을 직접 차려주세요. 서로의 존재를 진심으로 기뻐하는 것이지요. 외식이나 선물로 대신하지 말고요. 솜씨가 있든 없든 배우자가 직접 음식을 만들어 근사한 생일상을 차려주세요. 아이들이 그대로 배웁니다.
- 서로를 위해 멋진 사람으로 성장해가도록 매일 노력하세요. 상대를 위해 지금보다 더 나은 사람이 되고자 하는 것은 최고의 사랑입니다.

잘못했을 때는 화통하게 사과하다
– 아이를 존중하는 방법

방학이 반은 지난 것 같다. 5학년인 둘째는 한창 사춘기의 절정이라 스트레스가 많다면서 무조건 쉬고 오기가 이번 방학의 과제라 한다. 선생님 말씀을 무조건 잘 듣는 둘째는 정말 잘 쉬고 있다. 아침에도 침대에서 늦도록 뒹굴거린다. 심심하면 저 읽고 싶은 책 읽고, 노트북에 비밀번호 걸어 놓고 뭔가를 끄적거리는 게 일상이다. 그렇게 보낸 지 보름째다.

"2학기 수학은 예습이라도 해야 하지 않니?" 했더니, "2학기 수학은 쉬워서 개학하고 수업시간에만 집중하면 된다"고 한다. 그러라고 했다.

"아무리 그래도 책은 좀 읽자" 했더니, "나름대로 읽고 싶은 거 읽고 있으니 신경 쓰지 말라"는 답이 날아온다. "알겠다" 했다. 뭐라 더 할 말이 없다.

그러다 오늘 아침에는 기어이 한마디 하고 말았다. 강의 나가면서 이것저것 바쁘게 정리하고 있는데, 9시가 넘어도 일어날 기척이 없는 아이를 깨웠다. 아이는 마지못해 일어나 앉는다.

"태윤아, 해도 너무한다고 생각하지 않니?"

"뭐가?"

"아무리, 숙제가 '쉬기'라지만, 너무 쉬기만 하는 거 아니야?"

"잘 쉬어야지. 더 쉬어야 하는데?"

"너도 이제 곧 6학년이야. 정신 바짝 차려야 될 나이가 되었다고 생각하지 않아?"

목소리에 짜증을 잔뜩 묻혀서 던진 말이다. 바쁜 아침에 괜히 내 눈에 띈 태윤이가 잘못 걸린 거다. 말하고 나서 잠깐 후회하기도 했다. 굳이 그렇게까지 말하지 않아도 되는데 싶었다. 태윤이가 퉁명스러운 목소리로 받아 친다.

"엄마, 내 나이는 정신 바짝 차리고 사는 게 더 이상한 나이야."

듣고 보니 그렇다. 이제 겨우 5학년인 아이에게 정신 바짝 차리고 살라니, 또 엄마로서의 불안이 도져 아이를 다그쳤다 싶었다.

"에구, 엄마가 또 말실수했네. 우리 태윤이 말이 맞아. 네 나이엔 자유롭게 지내는 거지. 엄마가 미안."

잘못을 했다 싶을 때는 재빨리 사과하는 게 상책이다. 살면서 아이들에게 수없는 잘못을 해왔고, 잘못보다 더 많은 사과를 해왔다. 내가 잘하는 일 중 하나가 잘못을 인정하고 아이에게 용서를 구하는 일이다.

아이들보다 먼저 태어나고, 더 많이 경험하고 배운 어른의 자리에 있지만, 어른만이 가지는 욕심과 잣대는 자꾸 아이들에게 잘못을 저지르게 한다. 아이를 있는 그대로 이해하거나, 아이의 행동 뒤에 숨어있는 욕구에 공감하면 화낼 이유가 없다. 그러나 아이에 대한 욕심에 눈이 가려지면 아이가 하는 행동, 아이가 보이는 모습에 과도하게 개입하게 된다. 무엇이든 가르쳐야 할 것으로 보이고, 고쳐줘야 할 것으로 보인다. 평화로운 방법으로 대화하고 부탁하고 제안한다면 얼마든지 개입해도 좋다. 그러나 나를 포함한 대부분의 부모는 부모의 입장을 강압적으로 주장하거나, 위협을 통해 행동의 변화를 꾀하려 하거나, 혼내고 벌주는 방식으로 잘못을 교정하려 든다.

아이 입장에서는 부당한 폭력으로 받아들일 수 있는 일을 부모는 교육이라는 이름으로, 훈육이라는 명분으로 자연스럽게 하는 것이다. 아이 입장에 대한 공감 없이, 아이의 잘못에 서슴없이 화를 내는 것이다. 부모니까 괜찮다고 위안하면서.

부모라서 괜찮은 것은 없다. 부당하게 화내지 않는 게 정말 중요하지만 사람인지라 화를 안 내기는 힘들다. 잘못을 지적하되 감정이 실린 화는 내지 않는 게 중요하고, 최선을 다해 노력하는 게 우선되어야 한다. 노력했지만, 사람이기에 저지를 수 있는 잘못에 대해서는 부모도 좀 이해받아야 한다고 생각한다.

부모도 실수를 통해 성장해가는 존재다. 그러니 아이에게 잘못을 할 수도 있다. 어른 노릇 못하고 감정적으로 화를 낼 수도 있고, 아이 마음에 상처를 입히는 말을 할 수도 있다. 때론 화를 못 이겨 체벌을 할 수도 있다. 완벽한 부모는 허상이다. 아이에게 화를 낸 뒤 찾아오는 자책에 빠져보지 않은 부모가 얼마나 되겠는가?

하지만 아이에게 어쩔 수 없이 잘못을 했다면 그 이후의 선택 역시 전적으로 부모의 몫이다. 끝까지 자신의 권위를 내세우지 말아야 한다. 아이를 혼낸 뒤 후회가 밀려오거나 자책으로 괴로워지면 용기를 내어 아이에게 사과하는 게 중요하다. 무엇 때문에 화가 났는지 솔직하게 이야기하고, 부모로서 나름대로 이유를 들어 설명을 해줄 필요가 있다.

아이니까 그냥 넘어가서는 안 된다. 부모의 잘못을 사과하지 않으면 시간이 지나 자연스럽게 해결되는 것이 아니라 아이 마음속에 부당한 경험으로 각인될 수 있다. 오히려 진심을 담아 사과하면 아이들은 굉장히 어른스럽게 받아들인다. 또한 부모의 사과를 통해 잘못을 하면 용서를 구하는 일이 얼마나 가치로운 일인지 경험하게 된다.

아이에게 진심어린 사과를 한다는 것은 아이를 한 인격체로서 존중한다는 의미이다. 아이도 느낀다. 진심을 담은 사과를 건네는 부모의 모습을 보면서 자신이 얼마나 귀중한 존재로 대접받고 있는지 확인하게 된다. 그러니 잘못을 했다면 화통하게 사과를 건네는 현명한 부모가 되는 게 좋다는 말이다.

**지금 당장 실행해야 할
사람의 실천 TIP**

■ 사과의 타이밍을 지켜주세요. 부모도 잘못하는 일 많습니다. 잘못했다 싶으면 그 자리에서 바로 사과를 하세요. 사과는 타이밍이 생명입니다.

■ 사과한다고 부모의 권위가 사라지는 건 아닙니다. 잘못을 인정하지 않는 부모야말로 권위가 없습니다. 사과는 건강하고 지혜로운 어른만이 할 수 있는 일입니다.

■ 진심을 담아 사과해주세요. 직접 말로 하는 것이 쑥스럽다면 다른 방법도 있습니다. 쪽지나 문자로 보내도 진심이라면 충분히 전달되니까요.

■ 부모의 사과를 받아본 아이는, 사과를 하는 일을 두려워하지 않는 아이로 자랍니다. 요즘 아이들, 잘못을 해도 사과를 하는 일에 미숙합니다. 사과만 잘할 줄 알아도 많은 문제들이 해결됩니다.

아이를 주인공으로 만들어주다
– 친구 초대하기

아이를 키우는 일은 내 안에 있는 내면의 아이를 함께 키우는 일이기도 했다. 누구나 마음속에는 어릴 적 상처를 받아 자라지 못한 내면의 아이가 있다. 나 역시 아이를 키우면서 내면의 아이도 함께 커가고 있음을 느꼈다. 내가 의식을 하건 못하건, 아이에게 해주고 싶은 일들은, 내가 어릴 때 경험하고 싶었던 일일 때가 많았다.

어린 시절, 친구의 집에 초대를 받아 가면 친구의 엄마가 떡볶이도 해주고, 사이좋게 지내라고 다정하게 말도 건네주고 하는 것이 참 부러웠었다. 아이를 얼마나 사랑하면, 친구인 우리한테도 이렇게 잘해주시는 걸까 싶었다.

나도 우리 집에서 저 친구만큼 귀한 존재일까? 우리 엄마도 내 친구를 저렇게 대해주실까? 늘 그런 생각을 했지만, 안타깝게도 우리 엄마는 장사하느라, 일하러 다니느라 집에 계시지 않았기에 친구들을 우리 집에 데려갈 수가 없었다. 설사 엄마가 집에 계셨다 해도 친구들을 따뜻하게 대해주거나 간식을 챙겨줄 성격이 아니었기에 아예 꿈꾸지도 않은 일이었다.

실과 책에 나오는 다과상 차림 사진을 보면서 수도 없이 상상했던 장면이 있다. 그릇에 수북하게 담긴 과일과 빵, 오렌지 주스가 놓인 탁자 주변에 친구들이랑 둘러앉아 웃고 있는 장면. 그 시절의 나에게는 참으로 간절한 그림이었다.

그게 결핍으로 남아 있어서인지 우리 아이들에게는 친구를 초대하는 기쁨을 온전히 주고 싶었다. 생일날 반 친구들을 몽땅 초대해서 파티를 열어주기도 했고, 방학식이나 시험이 끝난 날, 하여튼 아이가 친구를 데리고 오고 싶어 하는 날이면 언제든 아이들을 두 팔 벌려 환영했다.

맛있는 간식은 기본이고, 아이들이 재미있게 놀 수 있게 자리를 비워주는 배려까지 해주었다. 아이의 친구들을 극진하게 대접하는 것은 곧 내 아이를 대접하는 일이기도 했으니 늘 기쁜 마음이었다. 덕분에 우리 아이들은 가끔 친구들 사이에서 주인공이 되는 기쁨을 만끽하기도 한다. 집 밖에서 주인공이 되는 기회를 얻는 것은 아주 어렵고 고된 일이기도 하다. 하지만 적어도 집에서는 부모 덕분에 주목을 받고 행복해질 수 있는 일이다.

태은이가 유치원에 다닐 때의 일이다. 막 둘째가 태어났을 때여서 태은이는 분리불안 증세를 보였다. 늘 아침마다 웃으며 가던 유치원엘 울면서 가지 않겠다고 했다. 왜 가기 싫으냐고 했더니 유치원에 가면 엄마가 너무 보고 싶어서 있을 수가 없다는 것이었다. 그래서 첫날은 집에 함께 있자 했다. 둘째가 태어나서 그런가 보다 가볍게 여겼다. 그로부터 한 3일 동안 유치원에 가지 않고 나와 함께 놀았는데, 때가 좀 지났다 싶은데도 나아지는 기미가 없자 슬그머니 겁이 나기 시작했다. 애가 이러다 유치원에 계속 안 간다 하면 어쩌나, 이게 심리적인 퇴행현상으로 자리 잡으면 어쩌나 하는 두려움이 생겼다.

어떻게 해야 하나? 혼을 내기도 하고, 어르기도 했는데, 소용이 없었다. 그러다 하루는 유치원에 가기 싫다는 아이에게 제안을 했다.

"태은아, 오늘은 유치원에 가자. 엄마 보고 싶은 마음 잘 참고, 유치원 마칠 때까지 잘 있다가 오면 엄마가 친구들 모두 초대할게. 그래서 우리 태은이가 유치원에 이렇게 잘 다녀왔다고 칭찬해줄게. 어때?"

아이는 순순히 그러자고 했다. 그러면서 오늘 유치원 마칠 때까지 잘 있다 올 테니까, 오늘 오후에 친구들을 초대해주고, 아이들에게는 엄마 보고 싶어서 유치원에 안 갔었다는 말은 비밀로 해주면 좋겠다고 제안해왔다. 나는 그러겠다고 했다.

아이가 유치원에 간 뒤, 바쁘게 반 친구 엄마들에게 전화를 걸었고, 사정 이야기를 했다. 엄마들이 이해를 해주었고, 오후에 아이들을 데리고 모두 집으로 놀러와 주었다.

그날 태은이는 아이들과 아주 신나는 하루를 보냈고, 친구 엄마들은 티가 나지 않도록 자연스럽게 태은이를 칭찬해주었다. 밤늦도록 아이들과 놀면서 즐거워했던 태은이는 그 다음 날부터 유치원에 웃으면서 갈 수 있게 되었다.

아이의 친구를 집에 초대해서 함께 놀 수 있는 시간을 만들어주면 아이들의 자존감은 튼튼해진다. 귀한 대접을 받는 느낌을 충만하게 받기 때문이다. 아이의 마음에 상처가 있거나, 북돋아주어야 할 어떤 정서적인 힘이 필요할 때는 아이의 친구를 초대해보라. 친구들에게 둘러싸여 웃으며 보내는 즐거운 시간들이 귀한 힘을 준다. 부모가 다 채워줄 수 없는 자존감을 아이의 친구들이 채워준다. 부모는 그저, 아이들에게 자리를 만들어주면 된다.

- 아이를 위한 파티를 자주 기획해보세요. 생일파티는 물론 잠옷파티, 과자파티, 축하파티 등 아주 다양한 파티를 준비해주세요.

- 파티를 준비할 때는 아이에게 '호스트' 역할을 주세요. 초대장을 만드는 일부터 음식의 메뉴를 정하는 일까지 아이 스스로 기획하게 기회를 주세요.

- 아이들이 부모의 눈치를 보지 않고 실컷 놀 수 있게 자리를 비워주세요. 친구의 부모님이 초대해준 친구의 집에서는 일탈적인 행동을 하지 않습니다.

엄마에게도 엄마가 있다
- 내리 사랑

새벽이다. 부엌에서 도마질 소리가 들린다. 또각또각. 호박을 썰고 있는 거겠지.

어린 시절, 밖에서 지치도록 뛰어놀다가 들어오면 늦은 낮잠을 자곤 했다. 얼마나 잤는지 모를 만큼 푹 자고 일어나면 바깥은 어두웠다. 뒷집 굴뚝에서 피어오르는 연기에는 늘 같은 냄새가 묻어있다. 그 냄새에 눈을 뜨면, 곧이어 우리 집 부엌에서 나는 도마질 소리가 귀에 닿았다. 또각또각 똑똑똑, 된장찌개에 넣을 호박을 썰고 있는 소리일 테지. 찌개가 얼추 끓여지면 알루미늄으로 된 둥근 밥상에 숟가락 놓는 소리가 들리겠지. 그러면 엄마는 '항아~~' 하고 나를 불러 깨울 것이다. 그 순간을 기다리며, 연기 냄새를 조금 더 음미하고, 소리에 귀를 열어둔 채 어둑해진 바깥을 창호지 문틈으로 바라보며 누워 있곤 했다. 평화로운 시간이었다.

이 새벽에 나의 부엌에서 도마질을 하고 있는 사람은 나의 엄마다. 너무 멀리 사는 통에 아주 큰 마음을 먹어야만 딸이 사는 곳까지 올 수 있는 친정엄마가 2년 만에 다니러 오신 거다. 차를 두 번 갈아타고, 마지막 탄 차에서 4시간을 앉아 오면서, 뭐하러 이렇게 먼 데까지 시집을 보냈는지 후회하셨다고 한다.

집에 들어서자마자 부엌으로 들어간 엄마는 살림이 엉망이라며 한바탕 잔소리를 퍼부으신다. 먼길 오느라 피곤한 몸도 잊었는지 부엌에서 나오시질 않는다. 싱크대마다 열어서 버릴 것 내놓고, 수세미에 세제 묻혀 기름때 박박 닦고, 마른걸레질을 하느라 땀범벅이 되어도 멈출 기미를 보이지 않으신다. 그러고는 크는 동안 늘 들어 익숙한 잔소리 레퍼토리를 토씨 하나 빠트리지 않고 쏟아낸다. 아주 오랜만에 듣는 잔소리라 듣기에 괜찮다. 내 부엌에 들어가 청소하는 엄마의 뒷모습을 보니, 괜히 기분까지 좋아진다. 새삼 엄마에게는 나도 사랑받는 딸이지 싶은 마음이 든다. 왠지 뿌듯하게 차오르는 자존감이다. 늦게 돌아온 아이들이 부엌을 보더니 광채가 난다고 웃는다.

"우리 엄마가 청소해준 거거든!"
"엄마! 엄마의 엄마가 오시니까 우리 엄마 표정이 아주 밝아."

아이들하고 이런 말을 주고받고 있는데 우리 엄마의 잔소리가 아이들을 향한다.

"태은아, 태윤아. 네 엄마가 얼마나 고생이 많냐? 일하느라 늦게 들어오
면 피곤해서 살림이나 제대로 할 수 있겠냐? 그러니까 너희들이 엄마를
도와줘야 돼. 너희들 엄마는 집안일 하나도 안 시키더만. 그러면 안 된다.
물 마신 컵은 각자 씻어서 엎어두고, 엄마 늦으면 밥도 알아서 챙겨먹고,
설거지도 해줘야지. 공부하는 것만 중요한 게 아니다. 너희들 엄마가 나
한테는 딸이거든. 내 딸 고생시키면 할머니가 싫어. 수건도 좀 아껴 쓰고.
세상에 수건을 얼마나 쓰기에 그렇게 많이 나오는 거냐? 쓰고 나서 잘 말
려 쓰면 좋겠구먼. 손 한 번 닦은 수건을 빨라고 내놓으니, 엄마가 세탁기
를 도대체 몇 번을 돌려야 되냐? 에휴 항아. 네가 고생이 참 많다. 그러니
까 애들한테 충성만 하지 말고 어릴 때부터 가르쳐라. 집안일이고 뭐고 어
릴 때부터 해봐야지."

　엄마가 우리 집에 오신 지 3일째인데, 저 말씀은 거짓말 하나 안 보태고
애들 얼굴 볼 때마다 무한 반복 중이다. 아이들은 괴로워하지만 나는 입
이 귀에 걸린다. 그동안 애들 뒤따라다니며 수건 줍느라 고생했던 내 시간
들에 대한 복수를 엄마가 대신 해주는 기분이랄까? 아이들한테 '내 딸 고
생시키면 아무리 손녀라도 밉다'고 말해주는 나의 엄마가 있으니까, 나의
자존감이 열 배는 더 빛나는 느낌이다.
　그게 좋아서 마흔이 다 넘은 딸이 곧 일흔인 엄마한테 계속 어리광을
부린다. 얼갈이김치가 먹고 싶다고 콧소리를 내면 행동 빠른 엄마는 말
떨어지기 무섭게 담가주신다. 그렇게 개기 싫은 빨래도 엄마가 대신 다 개

어주신다. 끼니 때마다 된장찌개에 넣을 호박을 썰어주고, 그 소리 들으면서 나는 오랜만에 평화로운 시간에 젖어든다. 그동안 눈치 보느라 참았던 잔소리들을 나 대신 막 던져서 내 속을 시원하게 해준다. 오랜만에 보살핌을 받는 느낌이 좋아도 너무 좋다.

누워계신 엄마 옆에 누워 배도 조물락거리고, 엄마한테는 어쩌면 그렇게 향기로운 냄새가 나는지, 코를 쿵쿵대며 부비기도 한다. 아프다는 다리를 수시로 만져주고 주물러주면서 옛날 얘기도 나누고, 새참으로 막걸리 한 잔씩 나눠 마시니 이보다 더 좋을 수는 없을 것 같은 시간들이 지나간다.

"엄마, 아버지 바람필 때 말야, 왜 참고 살았어?"

술 오른 김에 여쭤보니, 술 오른 김에 시원하게 대답해주신다.

"니들 땜에 참았지. 내가 그때 안 참고 나왔으면 니들 다 고아로 컸어야~."

맞다. 엄마가 참지 않았으면 우리가 이렇게 잘 컸을 리 없다.

"고마워. 엄마가 참고 살아줘서. 엄마는 죽어라 고생했는데, 우리만 덕 보고 살았어. 미안해."

"엄마도 미안하지, 니들한테. 니 아버지한테 화났던 거 니들한테 풀기도 많이 풀었지. 때리기도 많이 했고. 그렇게라도 안 풀었으면 엄마는 못 살았어."

"미안하긴. 나는 엄마한테 맞아도 좋았어. 다 잊었지."

이미 썼듯이 나는 엄마한테 많이 맞고 컸지만, 그걸 가슴에 두고 살지는 않았다. 상처까지 안 받았다고 하면 거짓말이겠지만, 엄마의 삶을 여성학 공부하면서 객관화시킬 수 있었고 온전히 이해할 수 있었다. 큰아이 낳아 키우면서, 엄마에 대한 서운함이 살짝 올라와 잠깐 서럽기는 했지만, 어릴 때 엄마가 나한테 해주었던 몇 안 되지만 분명하게 기억나는 사랑의 보살 핌들이 있어서 괜찮았다.

그랬던 엄마와 며칠을 함께 보내면서, 다시금 사랑받는 딸의 위치에서 호사를 누리고 있는 중인 거다. 나한테도 엄마가 있고, 나이가 들어도 내 생각만 해주는 엄마의 사랑을 열심히 자랑하고 있다. 평소에는 아이들을 사랑해주는 엄마의 자리에만 있느라 몰랐던 내 안의 작은 아이가 그동안 목말랐던 사랑을 흠뻑 받고 있다. 괜히 아이들한테 자랑한다.

"봐라, 이거 우리 엄마가 해준 거다아~. 우리 엄마랑 온천 가서 마사지 받고 왔다아. 우리 엄마랑 조조영화 보고 왔다아. 우리 엄마는 내가 최고 란다. 부럽지? 애들아."

이렇게 마구 자랑을 하고 있노라면 아이들이 조금은 부루퉁하게 듣는다.

"우리 엄마를 외할머니께 뺏긴 기분이야, 우리 엄마로는 언제 돌아올 거 야?"

"글쎄다. 당분간은 나도 딸로만 살고 싶은걸?"

우리 엄마한테 사랑 듬뿍 받으면, 그게 어디 가겠니? 다시 너희들한테로 흐르겠지. 그러니 조금만 참으렴. 엄마도 사랑받는 존재란다. 너희들을 사랑하는 엄마도, 외할머니한테는 사랑받는 딸이란다.

지금 당장 실행해야 할 사랑의 실천 TIP

■ 부모의 어릴 적 이야기를 들려주세요. 어릴 적에 어떤 사랑을 받았는지, 생생하게 들려주세요. 아이들이 새삼 느낍니다. 부모가 얼마나 사랑받는 존재였는지 이야기해주세요.

■ 부모님과 자주 데이트하는 모습을 보여주세요. 부모 사랑은 내리 사랑이라지만 할머니, 할아버지에게 잘하는 부모의 모습을 보고 아이들은 사랑을 배웁니다.

■ 부모의 어릴 적 상처, 아픔에 대해서도 담백하게 전해주세요. 아이들이 부모의 삶에 연민을 가질 때, 진짜 사랑을 할 수 있게 됩니다.

사회적 연대로 더욱 강해지는 삶
– 지역 사회운동 단체 가입하기

둘째가 '가장 로맨틱한 사랑 이야기'라고 칭찬해주는 우리 부부의 결혼 스토리를 들려주는 것으로 이야기를 시작해야겠다.

남편과 나는 《접속》이라는 영화처럼 채팅으로 만나 결혼한, 보기 드문 부부다. 1998년 가을, 남편은 전라도 담양에서 사법고시를 준비하던 고시생이었고, 나는 경북 문경에서 대학원 논문을 쓰고 있던 청년 백수였다. 아주 우연한 기회에 채팅방에서 만난 우리는 편지로 깊은 마음을 두어 달 주고받다가 만난 지 6개월도 넘지 않아 결혼을 했다. 특별한 인연이 아니면 가능하지 않은 결정이었다.

생면부지 전라도 담양으로 시집을 간다고 했을 때 많은 사람들이 걱정을 했다. 아는 사람도 없는 그곳에서, 사회적인 관계망 하나 없는 그곳에서 어떻게 살 것인지에 대해 우려하는 사람들이 많았다. 내 성격으로 집에서 살림만 할 것도 아니고, 남편만 바라보며 살 사람도 아니라는 것을 이미 알고 있는 사람들의 당연한 걱정이었다.

그런 걱정을 물리칠 만큼 남편을 사랑하기도 했고, 눈에 콩깍지가 꽉 끼여 있어 그런 걱정까지 할 마음의 여유가 없기도 했지만, 나에게는 따로 믿는 구석이 있었기에 큰 걱정은 없었다.

여성학을 전공으로 택해서 신나게 공부하면서 나는 어떤 식으로든 여성주의자로서의 삶을 살겠다는 방향을 세우고 있었다. 여성주의는 내 삶에 힘을 주는 기둥이기도 하고, 사회와 연결해주는 단단한 끈이기도 하다. 여성주의자라고 자신 있게 말할 정도의 삶을 살지는 못하지만 여성주의의 힘을 알고 좋아하는 사람이라고는 분명하게 말할 수 있다.

우리나라 어느 지역에든 여성주의를 실천하는 여성운동조직은 반드시 있다. 여성주의라는 공통의 가치를 추구한다면 누구라도 자매가 될 수 있고, 새로운 인간관계를 풍성하게 맺을 수 있다. 내가 믿는 구석은 바로 이것이었다. 광주에도 분명히 여성운동조직이 있을 테고, 그곳으로 찾아가면 나를 지지해주고, 내 일을 만들어주고, 삶을 살아갈 힘을 주는 사람들을 만날 수 있을 거라는 믿음이 있어서 새로운 곳으로 가서 산다는 것에 대한 두려움이 전혀 없었다. 나는 당당하게 전라도 담양으로 내려갔다.

결혼을 하자마자 첫애를 가지게 돼서 활동을 바로 시작하지는 않았다. 아이가 뱃속에 있는 동안 학위 논문을 마무리하고, 이듬해 봄에 광주로 분가해 나왔을 때 나는 내가 관계를 맺을 여성단체를 조사하기 시작했다.

광주에는 여성민우회와 여성의전화가 있었다. 아무래도 여성민우회가 내가 원하는 형식의 운동을 하는 단체라는 판단이 들어서 여성민우회 사무실로 무작정 전화를 걸었다. 지금 광주광역시 시의원으로 있는 전진숙 언니가 전화를 받았다. 그날의 장면이 선명하게 떠오른다.

나는 여성학을 전공한 아무개고, 결혼을 해서 광주에 정착을 했고, 아이가 하나 있고, 나이가 스물일곱 살이며, 앞으로 여성민우회에서 활동하고 싶다고 전했다. 진숙이 언니가 굉장히 반가워했던 기억이 난다. 당시 광주에는 여성학 전공자가 그리 많지 않아서 민우회에서도 나의 존재가 반가웠으리라 나 혼자 생각해본다.

그렇게 여성민우회와 인연을 맺었다. 상근활동가로 근무를 한 것은 아니었다. 처음에는 회원으로 소소한 행사에 참여하는 것이 전부였다. 그러다 민우회가 성폭력상담소를 위탁받게 되면서 성폭력전문상담원 교육에 여성주의를 강의하는 강사로 참여하고, 조금씩 활동 범위를 넓혀가기 시작했다. 큰아이 젖 먹여가면서 강의했던 곳이 바로 민우회 사무실이다.

지금도 내가 진행했던 여성주의 글쓰기 프로그램이 기억에 생생하다. 글쓰기에 대한 욕망을 다른 회원들과 함께 풀어볼 수 있었던 소중한 경험이었다. 큰아이가 초등학교 2학년 때는 그 또래 여자아이들을 모아 '소녀들의 페미니즘'이라는 프로그램을 진행하기도 했다. 여자아이들이 크게 꿈꾸고 당당하게 살아가기를 바라는 마음을 담은 프로그램이었다. 큰아이는 이때의 경험을 아직도 이야기할 정도로 즐겁게 참석했다.

민우회는 강사로서의 적성을 찾게 해준 소중한 곳이고, 내가 다른 삶을 살 수 있는 자원을 준 곳이기도 하며, 나와 같은 생각을 가진 사람들과의 끈끈한 자매애가 존재하는 사회적 친정이기도 하다. 민우회가 아니었으면 나는 어쩌면 평범한 어른으로 밥벌이의 고단함을 가지고 살아가고 있을지도 모른다. 삶을 풍성하게 살아낼 수 있는 가치관을 자꾸 고민하게 하는 곳이며, 같은 여성주의를 꿈꾸고, 평등한 사회를 함께 지향하게 하는 힘을 주는 곳이기도 하다.

운동단체이건 지역 생협이건 학부모 조직이건 다른 형태의 삶을 지향하는 곳에 자기 삶을 연결하는 것은 아이들에게도 좋은 삶의 본보기가 된다. 부모로서 자신의 가치관과 맞는 사회운동 조직이 있으면 꼭 회원으로 활동하라고 권해주고 싶다.

삶을 성장시켜가는 데 가장 중요한 것은 질문을 하는 것이다. 지금 잘 살고 있는지, 바른 방향으로 가고 있는지 스스로에게 자꾸 묻지 않으면 타성에 젖은 채 살게 된다. 질문을 하게 하는 역할을 바로 사회운동을 하는 조직에서 해준다. 우리 사회에 관심을 가지고 연대를 할 수 있게 자꾸 질문을 하게 하는 것이다.

그래야 부모는 성장한다. 부모의 성장을 곁에서 지켜보는 아이도 자기 삶에 질문을 하고 성장해 나가려 할 것이다. 아이들에게 부모의 삶은 그대로가 모범이 된다.

우리 사회를 크게 조망하고, 다른 삶을 고민하고, 남과 연결하여 사랑하며 살 수 있는 경험을 많이 보여주는 것은 아이들에게 그 자체로 산교육이 된다.

■ 부모가 가입해서 활동할 만한 사회단체들

– 한국여성민우회 및 지역별 지부 www.womenlink.or.kr
우리 사회의 여성문제를 의제화하고, 여성주의 이슈를 풍성하게 제기하는 곳이다. 여성주의
에 관심이 있거나 우리의 아이들이 평등한 세상에서 살기를 바라는 부모라면 가입을 권한다.

– 아이쿱생협 www.icoop.or.kr
환경과 좋은 먹거리, 윤리적 소비에 관심 있는 분들이면 가입을 권한다. 먼저 아이쿱생협
에서 먹거리를 구입하는 것으로부터 시작해서 생태주의에 대한 관심을 확장해가면 좋다.

– 참교육을 위한 전국 학부모회 www.hakbumo.or.kr
각 지역에 있는 참교육을 고민하는 학부모들의 조직이다. 교육에 대한 다른 꿈을 꾸거나 아
이들이 행복하게 자라기를 바란다면, 같은 고민을 하는 부모들이 있는 이곳에서 힘을 얻을
수 있다.

– 사교육없는세상 www.noworry.kr
사교육에 대한 문제의식이 있는 부모들, 내 아이들이 학원에 다니지 않고도 공부할 수 있으면
좋겠다는 소망을 품은 부모들이 가입하면 좋은 곳이다. 사교육 없는 세상을 만들기 위해 엄청
난 활동을 하고 있다. 조만간 사교육 없는 세상이 오지 않을까 싶을 정도로 열정적인 곳이다.
홈페이지에 회원 가입만 해도 메일링 서비스를 받을 수 있다.

부모의 가슴 뛰는 꿈을 보여주다
– 가상 인터뷰

내 이름 석 자로 이루고 싶은 꿈은 한결 같다. 사람의 마음을 움직이는 좋은 강의를 하는 강사이자 좋은 글을 쓰는 작가로 살고 싶다는 꿈은 언제나 내 가슴을 뛰게 한다.

이 꿈을 이루기 위해 나는 지금까지 노력했고, 앞으로도 쭉 그렇게 살아갈 것이다. 아이의 엄마로서 해야 할 일들도 분명 있지만 나는 내 꿈을 늘 우선에 두고 지내왔다. 내가 꾸는 꿈으로 행복해지는 것이 곧 좋은 엄마가 되는 일이라 믿어 의심치 않았다. 아이들의 공부 뒷바라지를 위해 내 일을 희생하거나 내 꿈을 보류하고 싶지는 않았다.

아이들에게 사랑하는 마음을 가장 절절하게 표현하는 방법은 삶을 치열하게 살아내는 모습을 날것 그대로 보여주는 것이라 나는 생각한다. 부모가 꿈을 이뤘을 때의 벅찬 모습을 옆에서 지켜보게 하는 것, 가슴 뛰는 꿈으로 밤잠 뒤척이는 모습을 알게 하는 것만으로도 아이들은 삶의 숭고함, 꿈꾸는 일의 위대함을 배운다. 삶이란 아주 긴 호흡으로 살아가야 한다는 것을 배운다.

얼마 전에 썼던, 내가 꿈꾸는 가상 인터뷰의 내용을 옮겨본다.

이번 사람숲 창간호 특집으로 만나본 사람은 최근 교육서를 출간하신 부모교육 전문가이자 성교육 전문가로 활동하고 계신 김향심 선생님입니다.

안녕하세요? 선생님, 출간을 축하드립니다. 막 출간 기념 토크쇼를 마치고 오시는 길이라 들었습니다.

네, 반갑습니다. 책이 나온 지 좀 됐는데요. 독자들이 저자와의 토크쇼를 꼭 개최했으면 좋겠다는 제안을 많이 하셨다고 합니다. 출판사 쪽에서 좋은 장소와 프로그램을 기획해주셔서 독자 여러분들과 즐거운 시간 갖고 오는 길입니다. 초대해주셔서 감사합니다.

출간 기념 토크쇼에서는 어떤 이야기가 오갔는지 잠깐 소개 부탁드립니다.

이번에 출간한 책은 제가 직접 아이들을 키우면서 느낀 걸 중심으로 써서 독자들이 더 많은 관심을 보여주신 것 같아요. 육아서나 교육서들이 대부분 생활과 일치되지 않는 이론적인 내용들이 많아서 거리감을 느끼고 있었다고들 해요. 제 책은 제가 아이들과 겪은 혼란, 실수, 불안이 그대로 드러나 있으니까 독자들로 하여금 '나와 다르지 않구나' 하는 안도감을 주나 봅니다. 제 책에서 일관되게 주장하는 것이 부모의 성장과 아이의 성장이 함께 이루어져야 한다는 것인데, 이 부분도 많은 부모님들에게 용기를 주었다고 말씀해주서서 좋았습니다.

이번 토크쇼에는 따님도 함께 참가하셨는데, 친구 같은 모습이 아주 부러웠습니다.

딸하고는 동지애 같은 끈끈함이 있지요. 아주 어릴 적부터 저랑 코드가 잘 맞았어요. 딸이 저를 '우리 항이'라고 불러줄 정도였지요. 제가 욕심이 많은 엄마여서 아이에게 많은 부담을 주기도 했는데, 평상시에 나눴던 유대감과 솔직한 대화 덕분인지 아이가 참 잘 자라주었습니다. 더블 강연하자고 어릴 적부터 함께 꿈꿔왔는데, 오늘이 바로 그날이 되었습니다.

참 행복해 보입니다. 지금 아이를 키우고 있는 부모님들은 경쟁사회에서 많은 불안감을 느끼고 있습니다. 그들에게 어떤 말씀을 해주고 싶으신지요?

시대가 많이 변했다고는 하지만 여전히 사회 시스템은 아이들을 교육경쟁으로 힘겹게 하고 있고, 부모들을 엄청난 불안감에 휩싸이게 하고 있습니다. 사회가 변하는 것도 중요하지만 무엇보다 부모 개인의 자기 성찰이 중요한 것 같습니다.

무엇이 아이와 부모의 행복을 위한 일인지에 대한 자문이 있으면 좋겠습니다. 지금 행복한가? 바른 방향으로 성장해가고 있는가? 하는 질문에 대한 답을 찾으려 노력하셨으면 합니다. 아이를 위해 희생하는 부모가 아니라 성장하는 부모로서 아이들의 삶에서 딱 한 발만 떨어져 계시면 좋겠고요. 무엇보다 아이와 함께 성장해가는 시간을 즐겼으면 합니다. 아이들은 금방 크더라고요.

어떤 부모님들에게 도움이 되는 말씀이었습니다. 선생님은 오랜 시간 강의를 해오셨는데, 늘 즐거우셨는지요?

네, 복을 많이 받은 경우지요. 좋아하는 일을 직업으로 삼고 있으니까요. 저는 강의를 하면서 에너지를 얻는 사람입니다. 할수록 신이 나는 일이었습니다.

어떤 때 특히 보람을 느끼셨는지요? 기억에 남는 수강생이 있으면 소개를 좀 해주세요.

강의를 하면서 늘 꿈꾸고 바랐던 것은 제가 하는 말이 어느 한 사람의 삶에 작은 영감이라도 주면 좋겠다는 것이었습니다. 늘 그랬던 것은 아니지만, 강의를 끝내고 나올 때 한두 분은 강의장에 늦게까지 남아주시지요. 감사하다는 인사를 하겠다고요. 그럴 때 보람을 많이 느꼈습니다.

언젠가 광주에서 만난 50대 여성이 있었습니다. 그분은 늘 삶에 화가 나있었다고 하시더라고요. 자식을 위해 희생하며 살다 보니까 어느새 늙어

있더라고……. '빈둥지신드롬'을 겪고 있는 분이셨죠. 그런데, 그분이 제 강의를 듣고 하고 싶은 일에 대한 열망이 생겼다고 하셨습니다. 지금도 가끔 연락을 해오시는데, 그런 분 한 분 한 분이 저를 춤추게 하지요.

선생님은 사람의 성장에 대한 말씀을 많이 해오셨는데요. 성장한다는 의미가 무엇일까요?

제가 가장 사랑하는 단어가 바로 성장입니다. 무엇이든 어제보다 오늘 조금 나아졌다는 것은 굉장히 아름다운 일이지요. 저는 나아졌다는 것을 성장으로 이해합니다. 나아졌다는 평가는 외부에서 오는 것이 아닙니다. 스스로 자기 가치를 매기는 것이지요. 성장한다는 것은 곧 자신이 삶의 주인이라는 뜻이기도 합니다. 사회나 타인의 평가 기준에 자신을 맞춰가는 것은 성장이라 할 수 없거든요. 아이든 어른이든 자기 삶의 주인으로 아름답게 나아졌으면 하는 게 제가 바라는 것이고요. 그 과정에 저의 말이 조금의 도움이라도 되었으면 하는 바람으로 사람들을 만나고 있습니다.

선생님은 지금 어떤 성장을 꿈꾸고 계신지요?

저는 늘 자신에 대해 불안했습니다. 한편으로 자신이 넘치기도 했고요. 상반되는 감정이지만 저는 이 두 감정 사이에서 균형을 맞춰오는 게 재밌기도 했습니다. 불안했기에 늘 꿈을 꿀 수밖에 없었는데, 그렇게 보면 불안은 나를 성장시킨 동력이기도 했습니다.

어떻게 살겠다, 어떤 걸 이루겠다는 구체적인 목표는 없습니다. 주어진 하루를 온전하게 느끼면서 느리게라도 앞으로 나아가려고 할 뿐입니다.

다시 태어난다면 어떤 모습으로 살고 싶으신가요?
다시 태어난다 해도 지금처럼 살고 싶습니다. 상상력이 부족한 것일 수도 있는데, 지금과 다른 삶을 살고 싶지는 않네요.

지금 삶이 충분하다는 의미로 받아들여도 되겠습니까?
네, 지금 삶이 충분하다는 말, 예쁘네요. 더할 나위 없이 좋습니다.

가상 인터뷰 형식의 글이지만, 사실의 경험과 솔직한 감정을 그대로 드러낸 글이다. 내가 원하는 꿈 그대로다. 곧 이루어지리라 믿는다.

나의 이런 꿈은 두 딸아이 모두 너무나 잘 알고 있다. 시간이 날 때마다 내 꿈을 이야기해주기 때문이다. 내 아이들은 나의 가장 소중한 꿈 친구이기에 새로운 꿈이 생길 때마다 제일 먼저 아이들에게 말해준다. 그때마다 아이들은 신명나게 들어준다. 큰아이는 나와 함께 강연의 무대에 서자고 제안하고, 둘째아이는 출판사를 차려 엄마의 책을 독점해서 내주겠다고 호기롭게 말한다. 아이들과 함께 꿈꾸는 미래는 그려보는 것만으로도 가슴이 뛴다. 부모의 꿈은 아이들에게 인생을 보다 더 긴 호흡으로 사는 것임을 알게 해주는 것이다.

**지금 당장 실행해야 할
사랑의 실천 TIP**

■ 꿈이 있다면, 한 발짝 내딛어보세요. 꿈은 어느 날 극적인 모습으로 찾아오는 것이 아니라 막연한 형태의 무엇을 매일 매일 성실하게 노력하다 보면 구체화되는 것입니다. 마음을 뛰게 하는 꿈이 생겼다면, 그 꿈대로 살고 있는 사람을 주변에서 먼저 찾아보세요. 동아리에 들어가도 좋고, 개인적인 친분을 맺어도 좋습니다. 세계도 가끔 강사가 되고 싶은데 어떻게 하면 좋겠느냐고 찾아오는 분들이 계십니다. 그런 분들에게는 제가 알고 있는 모든 것을 내어 드립니다. 그저 반가워서요. 내가 꾸는 꿈대로 살고 있는 사람 곁에서 지켜보세요. 필요한 것은 적극적으로 요청하면서요. 꿈을 꾸는 사람은 그렇게 꿈을 이뤄가게 됩니다.

■ 엄마의 꿈 찾기에 도움이 되는 책들입니다. 이 책들을 씨앗 삼아서 자기 안에 있는 힘과 가능성, 잠재력을 찾으셨으면 합니다. 아이를 독립시키고 남는 시간이 너무나 깁니다. 아이들에게만 꿈을 가지라 하지 마세요. 부모가 꿈꾸는 삶을 사는 것이 무엇보다 중요합니다. 부모가 스스로 행복한 삶을 살 때, 아이들도 행복합니다.

– 두 번째 스무 살 | 여자나이 마흔, 그 주홍빛 서글픔과 쪽빛 희망의 이야기 | 희정, 소마, 자람, 서래, 항아, 미영 공저 | 이프
– 우리 속에 숨어 있는 힘 | 미리암 그린스팬 | 또하나의문화
– 내 안의 여성 콤플렉스 7 | 지난 20년간 변화한 한국 여성의 내면을 밝히는 젠더 정치학 보고서 | 여성을 위한 모임 | 휴머니스트
– 미친년 | 여자로 태어나 미친년으로 진화하다 | 이명희 | 열림원
– 결국은 아름다움이 우리를 구원할 거야 1. 2 | 현경 | 열림원
– 글쓰기의 최전선, 은유 | 메멘토
– 엄마 인문학 | 엄마가 시작하는 인문학 혁명 | 김경집 | 꿈결
– 아름다운 삶, 사랑 그리고 마무리 | 헬렌 니어링 | 보리
– 치유하는 글쓰기 | 박미라 | 한겨레출판

4부 부모가 실천해야 하는 유쾌한 교육 혁명

제4부

부모가 실천해야 하는 유쾌한 교육 혁명

사람들은 나이 많은 사람을 존경한다고 말합니다.
그러면서 어린아이는 아랫사람 대하듯 하고 동정하는 듯한 태도로
말합니다. 이것은 잘못입니다. 어린아이 역시 존경받을 만하기 때문입니다.
어린아이는 작고 약하며 모르는 것도 많고 못하는 것도 많지만,
자라서 무엇이 될지 모른다는 것이 노인을 존경하듯
아이를 존경해야 하는 이유입니다.

_아누쉬 코르착 '어린아이들을 존경해야 하는 이유' 중에서

아이에 대한 사랑에는 반드시
훈육이 들어가야 한다

아이를 사랑한다는 것에는 건강한 사회 구성원으로 성장할 수 있게 돕는 '훈육'의 의미가 포함되어야 한다. 훈육이 빠진 사랑은 이기적이고 맹목적인 사랑에 지나지 않는다. 사회에 선한 영향력을 미치는 사람, 다른 사람과 제대로 관계를 맺을 수 있는 사람, 타인을 배려하고 선함을 행할 수 있는 사람으로 성장하도록 가정에서부터 훈육하는 일은 매우 중요하다.

안타깝지만, 요즘 아이들이 보이는 많은 부정적인 징후들은 훈육이 빠진 사랑의 결과라 할 수 있다. 거리에 휴지를 아무렇지도 않게 버리는 아이들, 조금의 불편도 참지 못하는 아이들, 거친 욕설을 일상적으로 뱉어내는 아이들, 교통질서를 지키지 않는 아이들, 친구를 때리는 일에 마음 아파하지 않는 아이들, 친구의 말을 들어주지 않는 아이들, 공공장소에서 떠들고 장난치는 것을 부끄럽게 여기지 않는 아이들……. 사랑은 받았으되 훈육되지는 않은 아이들이다. 귀한 자식들이라 애지중지 애정을 쏟기만 했을 뿐, 진짜 사랑을 제대로 해주지 못한 부모의 잘못이다.

일관성 있는 원칙을 가진 훈육은 아이들의 미래에 굉장히 중요하다. 미래를 이끌어갈 리더로서, 우리 아이들이 함께 살아가는 사회의 건강한 구성원으로서 가져야 할 덕목을 제대로 갖춰야만 우리 사회가 인간다운 사회가 된다. 그래야 희망이 있다.

아이에게 가르칠 훈육의 가치들

훈육은 부모가 삶의 모범을 보일 때 가장 가치 있다. 아이들은 지혜로워서 모범을 보이지 않는 부모가 말로만 가르쳐주는 것들을 마음에 새기지 않는다. 아이에 대한 교육과 훈육은 부모의 삶에서 시작되어야 한다. 그것은 변하지 않는 절대 원칙이다.

이제 아이들에게 평생 가져갈 삶의 가치와 공동의 선, 지켜야 할 예의와 배려를 하나씩 알려줘야 한다. 말로 가르치는 것이 아니라 구체적인 생활 속에서 몸에 배어들게 행동으로 가르쳐야 한다.

첫째, 함께 사는 세상을 위해 지켜야 할 규칙을 가르쳐야 한다.
"꼬마야, 조금 조용히 해줄 수 있겠니?"
"어머, 애가 좀 떠들 수도 있지, 너무하신 거 아니에요?"
"예, 애들은 충분히 떠들 수 있지요. 근데 엄마라면 떠드는 아이한테 주의를 주어야 하지 않나요?"

"정말 별꼴이야."

카페에서 있었던 일이다. 저쪽 자리에 앉은 엄마들이 이야기를 나누는 동안 그들이 데리고 온 아이 둘이 뛰어다니고, 소리 지르고, 시끄러운 게 영 거슬렸다. 엄마가 주의를 주면 좋겠다 싶은데, 아무도 움직이지 않는다. 그래서 뛰어가는 아이 손을 잡고 부탁을 했더니, 그 아이의 엄마가 아이 손을 잡아채 가며 나한테 던진 말이다.

요즘 어린아이를 동반하는 것을 금지하는 카페가 많아졌다. 카페에 앉아 글을 쓰거나 책을 읽을 때 소란스럽게 여기저기 돌아다니는 아이들 때문에 방해를 받아본 경험이 있기에 충분히 이해가 된다. 나 또한 어린아이를 키워본 부모인지라 부산스럽게 돌아다니는 아이들의 에너지를 이해 못하지는 않는다. 그럼에도 눈살이 찌푸려지는 것은, 남에게 피해를 주는 행동을 하는 아이를 부모가 제지하지 않기 때문이다.

공공장소에서 남에게 불편함을 주는 행동을 하지 않도록 어릴 때부터 가르치면 아이들은 잘 배우고 실천한다. 그러나 우리나라 부모들은 아이들의 기를 죽여서는 안 된다는 이상한 논리로 공공장소에서 떠들고 돌아다니는 아이들에게 아주 관대한 태도를 보인다. 어린 시절에 학습된 이런 행동은 커서도 자연스럽게 연결이 되어서 고치기가 어려워진다.

다른 사람과 함께 있을 때 피해를 주는 행동이 무엇인지 정확하게 알려주고 잘 지킬 수 있게 독려하는 것은 부모가 마땅히 해야 할 훈육의 하나이다. 단언하건대 이런 훈육만 제대로 이루어져도 요즘 보이는 사회적인 문제의 반은 해결될 것이다.

둘째, 배려하는 마음을 가르쳐야 한다.

뒷사람을 위해 먼저 연 문을 잡아주는 것, 식당에서 음식을 가져다주는 종업원에게 감사의 인사를 전하는 것, 거리를 걷다 발을 밟은 사람에게 용서의 미소를 보여주는 것은 모두 배려하는 마음에서 시작된다. 배려하는 마음은 사람을 따뜻하게 만들어주고, 사회를 건강하게 만들어준다.

이런 배려심 역시 아이가 어렸을 때부터 훈육해야 할 중요한 가치 중의 하나이다. 하지만 배려하는 마음이 중요하다고 말로만 하는 것은 의미가 없다. 배려하는 마음을 효율적으로 훈육하는 방법은 배려를 받았을 때의 행복감을 느낄 수 있도록 일상생활 속에서 사소하게 배려받는 기쁨을 나눠주는 것이다.

부모가 아이를 배려하면 배려할수록 아이는 배려하는 마음이 주는 기쁨을 알게 된다. 사람은 자신이 경험해본 마음은 반드시 남에게도 나눠주는 선한 존재이다. 배려를 받아서 행복했던 경험을 한 아이가 배려하는 마음을 가진다.

셋째, 자기 훈육을 할 수 있게 도와주어라.

길에 잠시 서서 지나가는 아이들을 지켜보면 쓰레기를 쓰레기통에 버리는 아이들이 거의 없다. 아무렇지도 않게 먹던 과자 봉지를, 사용한 휴지 조각을 길에 던진다. 주변 사람 눈치라도 살피면서 조심스럽게 버리느냐 하면 그것도 아니다. 아주 자연스럽게 버린다.

백 번 양보해서 어릴 때는 그럴 수 있다 쳐도 자라서는 사회규칙을 잘 지킬 수 있도록 자기 훈육을 실천할 수 있어야 한다. 공중도덕이나 배려하는 마음은 부모가 훈육한 상태로 머물러 있어서는 안 된다. 아이의 끊임없는 자기 훈육으로 점점 더 키워가야 한다. 부모가 스스로 자신의 삶에서 자기 훈육을 해왔듯이, 아이도 살면서 자기 훈육을 하는 일이 성장과 밀접한 관계를 가지고 있다는 것을 알게 해줘야 한다.

넷째, 사회에 어떻게 기여할 것인가에 대한 비전을 세울 수 있게 가르쳐야 한다.

혼자 성공하고 혼자 잘사는 것은 의미가 없다. 진짜 성공한 삶은 사회에 기여하는 삶임을 가르쳐야 한다. 아직 어린 아이에게는 친구를 돕는 일이 무엇인지 고민하게 하고, 어느 정도 성장한 큰 아이들에게는 학교와 사회를 위해 기여할 수 있는 일이 무엇인지 고민하게 해야 한다. 성적을 위해, 좋은 대학이나 좋은 직장에 들어가기 위해 열심히 공부하라는 말 대신, 세상에 긍정적인 영향력을 미치는 중요한 존재가 되기 위해 노력해야 한다고 말할 수 있어야 한다.

이것 역시 부모가 먼저 모범을 보여야 할 일임은 두말 할 여지가 없다. 이 사회를 조금이라도 나은 곳으로 만들기 위해 어떻게 기여할 것인가를 고민하는 삶을 먼저 살아야 한다. 그 뒷모습이 아이를 자라게 한다.

훈육을 할 때 지켜야 할 원칙들

아이에 대한 진짜 사랑에는 일관되고 책임감 있는 훈육이 담겨 있어야 한다. '훈육'을 가지고 가는 사랑만이 아이를 건강하게 성장시킨다. 내 품 안에서만 귀한 아이가 아니라 사회 속에서 귀한 대접을 받는 아이로 키우는 것이 부모가 해야 할 중요한 일 중의 하나다.

아이를 훈육할 때는 지켜야 할 몇 가지 원칙이 있다.

1. 벌을 주는 방식으로 훈육하지 않는다.

식당에서 뛰어다니는 아이를 엄하게 꾸짖고 벌을 세운다고 해서 그 행동이 고쳐지지는 않는다. 설사 그 행동이 고쳐졌다 해도 그것은 무서운 벌에 대한 반응이지 아이의 진심에서 우러나온 것이 아니다.

행동이 변하는 것은 마음이 시켜야 가능한 일이다. 아이가 스스로 잘못된 행동을 뉘우치고 행동을 고치게 하려면 벌을 주는 대신 간곡하게 부탁하는 것이 낫다. 진심이 담긴 부탁은 아이의 행동을 변화시키는 좋은 방법이다.

둘째가 네 살 때쯤, 어른들한테 인사를 안 해서 애를 먹은 적이 있다. 주말마다 시댁을 방문하던 때였는데, 새벽에 잠들어 있는 아이를 차에 태워 시골에 가면 아이는 비몽사몽인 상태에서 할머니 할아버지를 만나게 되었다. 당연히 아이는 인사를 대충 얼버무리게 되고, 예의를 중시하던 할아버지는 그런 둘째를 혼내곤 했다.

아이가 혼나는 걸 보면서 괜히 속상해진 나는 나대로 집에 돌아와 아이를 다시 혼내곤 했다. 다음에 또 할아버지 할머니한테 제대로 인사하지 않으면 혼을 내겠다고 협박까지 하면서 말이다. 그런데 아무리 혼을 내도 아이의 버릇은 고쳐지지 않았다.

2. 좋은 행동에는 반드시 긍정적인 피드백을 해준다.

아이에게 벌을 주는 방식 대신 칭찬의 방식으로 쉽게 행동을 변화시킬 수 있다. 긍정적인 피드백을 제대로 해 주는 것이다.

길에 쓰레기를 곧잘 버리던 아이가 어느 날 버리려던 쓰레기를 주머니에 넣어 왔다면, 곧바로 긍정적인 피드백을 해준다. 쓰레기를 길에 버리지 않았음을 칭찬하고, 그런 행동이 얼마나 중요한지 아이에게 이야기해준다. 이런 경험이 누적되면 아이는 자연스럽게 부모가 가르치는 공중도덕의 가치를 몸으로 익히게 된다.

3. 훈육에 차별을 두지 않는다.

아이를 여럿 둔 부모라면 누구나 경험이 있을 것이다. 맏이에게는 가혹하게 지켰던 원칙들이 둘째나 막내에게는 한없이 너그러워지는 경험. 동생들이 아직 어려서 그렇다고 하면, 맏이는 혼란스럽다. 아이들에게 반드시 필요한 훈육의 가치라면, 맏이건 막내건 모든 아이에게 동등하게 적용되어야 한다.

훈육에 차별을 두어 가르치면 제대로 효과를 보기 어렵다. 누구에게는 허용되고, 자기만 지켜야 하는 가치라면 굳이 지킬 필요를 느끼지 못하기 때문이다.

4. 아이에 따라 다른 훈육의 방법을 사용하라.

아이마다 기질이 다르고 성격이 다르다. 내향적인 아이와 외향적인 아이, 소극적인 아이와 적극적인 아이 등 기질과 성격을 고려해서 각기 다른 훈육의 방법을 사용하는 것이 효과적이다.

같은 뱃속에서 나온 형제자매라 하더라도 기질과 성격은 다 다르다. 우리 집 두 아이만 하더라도 큰아이는 감성적인 방법으로 잘 움직이는 반면 작은아이는 논리적인 근거가 있어야 비로소 움직인다. 공중도덕의 원칙을 훈육할 때, 큰아이에게는 부탁만 해도 되지만 작은아이에게는 왜 공중도덕이 중요한지 논리적으로 설명을 해야만 한다. 아이들마다 훈육의 방법을 다르게 해야 하는 이유이다.

5. 신뢰할 수 있는 다른 어른과 협력하라.

아이의 주변에는 신뢰할 수 있는 어른이 있게 마련이다. 유치원 선생님일 수도 있고, 조부모일 수도 있고, 이웃의 어른일 수도 있다.

내 아이에게 훈육해야 할 가치들을 보다 효과적으로 전해주는 방법 중 하나로 주변의 어른에게 도움을 요청하는 방법이 있다. 가령 인사를 잘 안 하는 아이일 경우, 그 아이가 자주 만나는 어른에게 미리 귀띔을 해두는 것이다. 인사를 잘했을 때 지나치지 말고 꼭 칭찬을 해주라거나 인사하는 것이 얼마나 중요한 일인지 아이에게 이야기해줄 것을 부탁해두는 식이다. 부모만이 아니라 자신이 신뢰하는 다른 어른에게 똑같은 이야기를 듣는다면 아이는 더 잘 받아들인다. 둘째의 인사 안 하는 버릇을 고친 것이 바로 이 방법이었다. 아이가 다니던 어린이집 선생님께 그간 인사하기를 둘러싸고 일어났던 일을 자세히 설명해드리고 둘째가 그 과정에서 얼마나 스트레스를 받고 있는지 알려드렸다. 이와 더불어 아이가 인사를 잘할 수 있게 세심하게 신경 써주십사 말씀을 드렸더니 어린이집 선생님은 아이가 인사를 할 때마다 다소 과할 정도로 칭찬해주는 일을 반복했다. 가령 어린이집에서 둘째가 인사를 잘해 칭찬을 받았다면 그것을 꼭 언어전달장에 기록해서 나에게 전해주었고, 그걸 보고 나는 집에서 다시 칭찬을 해주었다.

시골에 계신 시부모님께도 아이가 아침 일찍 가게 되면 아무래도 졸린 상태라 인사하기가 쉽지 않으니 당분간은 모른 척 그냥 반겨만 주시라 부탁을 따로 드렸다. 그런 노력을 얼마간 했더니 둘째는 어느새 인사를 아주 잘하는 아이가 되어 있었다.

　훈육은 아이들이 자신의 삶에서 바른 가치를 세울 수 있게 도와주는 사랑의 방법이다. 아이가 부모의 품에서 벗어나 더 큰 세계 속에서 사랑받는 존재로, 귀한 존재로 살아갈 수 있게 돕는 유일한 방법이다. 어쩌면 훈육은 부모가 아이에게 해줄 수 있는 최고의 사랑법일 수도 있다.

미래 시대의 엄친아를
다시 정의하다

말은 있되 실체는 없는 게 요즘 흔히 말하는 엄친딸, 엄친아가 아닌가 싶다. 우리는 모두 누군가의 '엄마 친구의 아들 딸'이지만 세간에서 말하는 완벽함의 극치인 엄친아는 아닌 거다. 이런 아이들은 텔레비전 토크쇼에 어쩌다 나오는 아주 특이한 케이스일 뿐이다. 그럼에도 불구하고 이 사회의 모든 딸과 아들은 엄친딸, 엄친아와의 끊임없는 비교에 시달린다. 죽었다 깨어나도 될 수 없는 극상위권의 존재들 앞에서 늘 불안에 시달리며 자신을 채찍질하고 있다.

엄친아라는 단어는 이 시대의 교육 문제, 더 나아가 사회 문제를 극명하게 보여주는 키워드이자 사회적 성공이라는 한 방향으로만 정신없이 뛰어가고 있는 경쟁 중심의 사회에 겨우 몇 자리 있을까 말까 한 권좌의 주인공이다. 모두들 알고 있다. 그 자리의 주인공은 몇 되지 않는다는 것, 그리고 아무리 열심히 뛰어도 실패든 낙오든 할 수 있는 게 인생이라는 것.

자기 스스로 엄친아, 엄친딸이 될 수 없다는 사실을 뻔히 알면서도 그 꿈에의 욕망을 멈출 수 없는 이유는, 그 욕망으로라도 지금을 견뎌야 하기 때문이다. 그 꿈조차 꾸지 않는다면 당장 무엇을 할 것인지에 대한 대안이 없다.

우리나라 사회 구조는 중학교 시절의 학교 성적이 이후의 삶의 질과 사회적 성공을 가늠 짓는 것으로 편재되어 있다. 소위 말하는 명문대 간판이 사회적 성공을 보장받는 가장 명확한 증거이기 때문에 그곳에 들어가기 위해서 누가 더 어릴 때부터 달리기 시작했느냐에 경쟁적으로 올인한다. 너나 없이 아주 어린 자녀의 교육에 올인을 하다 보니, 일찍부터 노력의 열매를 따는 아이들이 부러움의 대상이 될 수밖에 없다.

영재원에 들어갔냐? 전교 1등을 하냐?

이런 가시적인 성과를 훈장처럼 달고 있는 아이들은 모든 부모의 부러움을 살 수밖에 없다. 이 부러움의 중심에 엄친아가 있는 거고, 우리의 부모들은 자신의 아이가 엄친아, 엄친딸로 누군가에게 불려지길 간절히 원하며 오늘도 아이들 교육에 열을 올리고 있는 것이다.

그런데, 사회가 변하고 있다. 평균 수명이 예순 살도 넘기기 어려웠던 시절에는 청년 시절의 성취가 굉장히 중요할 수밖에 없었다. 하지만 이제는 평균 수명 100세 시대다. 100세 시대에 10대, 20대는 아장아장 걷는 아가일 뿐이다. 평균 수명 100세 시대라면 좀 더 여유 있게 자기를 탐색하며 살아도 되는 나이가 10대이고 20대라 할 수 있다.

안 그래도 불확실한 사회, 실업률은 점점 높아지고 어느 것 하나 안정적인 직업이 없는 시대인데, 10대의 아이들과 20대의 청년이라면 있지도 않은 안정적인 미래를 위해 현재를 담보할 필요가 없다.

좀 더 천천히 꿈을 꾸어도 된다. 지금은 문제아로 취급받더라도, 자신에 대해서 좀 더 진중하게 들여다볼 수 있는 여유를 가지게끔 아이들을 편하게 대해주어야 한다.

옆집 아이의 눈부신 성취가 내 아이를 불행하게 만들 이유가 없지 않은가?

내 아이는 옆집 아이와 다르다. 엄마 친구 딸과 아들과 다르다. 성장하는 시기도 다르고 꽃을 피우는 시기도 다르다. 맺게 될 열매도 다를 것이다. 그렇다면 지금 내 아이를 바라보는 시선을 바꾸어야 한다. 엄친아에 대한 부러움을 거둬들이고, 내 아이를 있는 그대로 편안하게 봐줄 수 있어야 한다. 불안함의 과잉 때문에 오늘 행복해야 할 아이를 채근하지 말아야 한다.

부모의 시선이 바뀌면 아이도 바뀐다. 불안하게 쳐다보는 부모의 시선을 의식하며 아이가 그동안 자신의 미래를 걱정스레 준비했다면, 편안하게 아이를 존중하는 부모를 통해 아이는 자신의 미래를 설레는 마음으로 기다릴 수 있게 된다.

아이에게 삶의 주도력을
만들어주다

가르치는 것보다는 스스로 깨우치게 하는 교육, 그것에 희망의 교육이
있다.

_노엄 촘스키

요즘 '아이가 대학에 가려면 엄마의 정보력, 할아버지의 재력, 아빠의
무관심, 동생의 희생이 필요하다'는 농 반, 진 반의 이야기가 회자되고
있다.

언어라는 것이 사회 문화와 아무 상관없이 생뚱맞게 나오는 게 아닌
한, 우리 사회의 한 단면을 보여주는 것임에 분명하다. 사교육 의존이 심
각한 사회 문제이다 보니 아이 한 명 대학 보내려면 할아버지의 재력이 있
어야 되겠고, 좋은 학원과 대입 전형을 제대로 꿰고 있는 엄마의 발 빠른
정보력이 당연히 있어야 될 것이다. 자식 교육 문제로 부부간 갈등이 생

기면 아이에게 부정적인 영향이 갈 터이니, 아버지는 적당히 무관심한 태도로 일관해주어야겠고, 동생들 또한 방해가 되지 않는 선에서 희생해줘야 한다는 거다.

그래, 엄마의 정보력과 할아버지의 재력이 시너지 효과를 내고 아빠의 무관심과 동생의 희생이 최상의 공부 환경을 만들어줘서 아이가 명문대에 입학했다고 치자. 그 이후 이들의 삶과 심리적 만족감을 추적해보았는가? 안타깝게도 이렇게 자란 20대들의 세대론을 들춰보면, 부정적인 모습들이 더 많이 엿보인다. 김승옥의 저서 《애완의 시대》에 묘사된 20대의 모습은 시뮬레이션 세대이자 부모산성을 넘지 못하는 의존적인 청춘일 뿐이다. 무슨 일이든 패기 있게 도전하기보다는 머릿속으로 대충 계산을 해보고 승산이 없을 것 같으면 아예 포기를 해버리는 시뮬레이션 세대가 바로 20대의 모습이다.

어릴 때부터 부모의 살뜰한 보살핌에 익숙해진 이들은 무엇을 하든 부모의 인정을 받으려는 욕구가 강하고, 부모가 허락하지 않는 일은 스스로 자기 검열해서 시도조차 하지 않는다.

지금 막 대학을 들어갔거나 졸업 전후의 아이들의 부모는 어떤 사람들인가? 그들의 부모는 질 좋은 교육혜택을 받고 자라 사회적 성공을 어느 정도 누렸고, 그래서 내 아이들에게 그 좋은 삶을 물려주고자 그야말로 자식에 올인한 세대이다. 아는 게 정말 많아 똑똑한 부모이고, 열정이 넘치고 넘쳐 자녀교육에도 모든 열정을 쏟아붓는 세대이다.

그렇게 애지중지 키우고, 필요하다면 온갖 학원 다 보내주고, 조기 영어

교육이다, 해외캠프다 가리지 않고 전부 해주었다. 그렇게 키우고, 이제야 돌아보니 아이들에게 스스로 살아가는 힘이 없는 거다.

아이가 제대로 성장하기 위해서 진짜 필요한 것은 엄마의 정보력이나 할아버지 재력, 아빠의 무관심, 동생의 희생이 아니라 아이의 자기주도력이며 아이의 삶을 힘차게 밀어주는 꿈의 힘, 즉 꿈력이다. 또한 지치고 불안해하는 아이들에게 위로를 줄 수 있는 아빠의 따뜻한 관심과 함께 꿈길을 걸어가는 동생의 용기가 필요한 거다.

이제 농담인지 진담인지 헷갈리는 사회적인 우스갯소리를 그냥 웃어넘기지 말자. 정말 그런가 의심하고, 나 혼자라도 다른 부모가 되기 위한 노력을 시작하자. 희망적인 이야기, 일반 세대와 다른 이야기를 많이 하는 부모들이 여기저기서 등장해야만 우리의 교육문제가 해결을 향해 방향을 틀어갈 것이다.

나는 엄마로서 대단한 정보력을 가지고 있지 않아 아이를 좋은 대학에 보낼 자신이 없지만, 그렇게 해서 보내고 싶은 마음도 없다. 아이의 공부에 관심이 없어서가 아니다. 나는 우리 아이가 공부를 아주 멋지게 해내길 누구보다도 간절하게 원하는 부모 중 하나다. 다만 그 공부의 주인공이 철저하게 아이 자신이기를 바랄 뿐이다. 아이 스스로 한 공부가 엄마의 정보력과 할아버지 재력으로 해낸 공부보다 더 낮은 성취를 이루더라도, 나는 내 아이 스스로 해낸 성취에 박수를 쳐줄 것이다. 누가 뭐래도 스스로 공부해낸 내 아이의 성취가 최고임을 인정해줄 것이다.

지금 내 아이는 좌충우돌 중이다. 고등학생이지만 어느 학원에도 다니지 않고 있고, 영어도 수학도 내신 공부도 무조건 혼자 부딪히고 있는 중이다. 그리하여 무수한 실패를 무슨 훈장처럼 하나하나 달아가고 있는 중이다. 그러나 이렇게 혼자의 힘으로 기꺼이 해본 실패의 경험이 우리 아이만의 인생 스토리를 만들어줄 것임을 알기에 나는 뒤에서 응원의 박수를 힘껏 쳐주고 있다.

성장의 속도는 다
다르다

아이를 키우는 부모라면 누구나 한번쯤 내 아이가 천재가 아닐까 하는 심각한 고민(?)에 빠진 적이 있을 것이다. 두 아이를 키우면서 나 또한 그런 착각에 수도 없이 빠지곤 했다.

내 아이가 천재가 아닐까 하는 생각이 들면, 부모의 마음이 바빠진다. '무엇을 어떻게 더 가르쳐야 할까? 혹시 부모의 무지 때문에 천재를 둔재로 만드는 것은 아닐까? 이렇게 영리한 아이를 남다르게 키우려면 무엇을 해야 할까?' 자못 진지하게 고민하는 것이다. 고민으로만 그치는 게 아니다. 실제로 많은 부모들이 아이의 영재성을 키우기 위해 아주 어렸을 때부터 창의력을 키워준다는 학원을 알아본다. 오르다니 가베니 하는 교구 수업은 기본이고, 초등학생 부모들의 로망인 대학교 영재원, 교육청 영재원에 아이들을 입학시키기 위한 학원 대비반에 아이들을 밀어넣는다.

실제로 그중 몇몇 아이들은 영재로 선발되어 특별수업을 받기도 하는

데, 영재원 준비를 하다가 떨어진 아이들 부모의 낙담은 말할 수 없을 만큼 크다. 실제로 큰아이 친구 엄마 가운데 영재원에 대한 미련을 버리지 못하고 3년을 준비해서 기어이 합격시킨 경우도 있다.

초등학생일 때는 수학 영재, 과학 영재라는 타이틀이 정말 엄청나게 큰 위력을 발휘한다. 영재원 출신 수학 영재, 과학 영재쯤 되면 과학고를 거쳐 못 가도 카이스트는 간다고 생각하는 부모가 많다. 그러나 부모의 기대와는 달리 수많은 초등생 영재들은 중학교 올라가면서부터 어디론가 조금씩 사라져버린다. 진짜 영재가 아니라 학원에서 만들어진 영재들이 많기 때문이다.

우리나라 부모들은 유난히도 어린 나이 때 이뤄낸 성취에 열광하는 듯하다. 아이들 성장의 속도는 모두 다르고 성장의 지점도 다른 법인데, 무조건 빠른 속도의 성장, 특정 분야의 성장에 높은 가치를 두곤 한다.

우리나라 교육열은 초등학교 때 정점을 찍는다. 오히려 조금 더 놀고, 조금 더 여유롭게 빈둥거려도 될 나이에 혹시 우리 아이가 영재일지도 모른다는 부모의 기대 때문에 이 학원 저 학원 부유하는 아이들이 정말 많다.

사실 초등학교 시절에는 모든 아이들이 영재의 가능성을 갖고 있다. 수학이나 과학 분야에만 한정되는 것이 아니라 미술, 음악, 놀이, 게임, 책읽기, 문학, 연예, 노래, 등 아주 다양한 분야 중 어느 하나에 재능을 가지고 있다. 부모는 자신의 아이가 어느 분야에 재능을 가지고 있는지 잘 관찰해야 한다. 아이가 되도록 다양한 분야의 것들을 경험해보도록 자유롭게 놓아둬야 한다.

이것저것 해보고 느껴봐야 재능이 있는지, 흥미가 있는지 알게 되는 법인데, 우리 아이들은 그런 기회를 제공받지 못한다. 재능과 상관없이 특정 영역에 능력을 보이는 아이들은 오히려 불쌍하기까지 하다. 능력이 있다는 이유로 다른 것들에 대한 탐색이 애초에 차단되니까 말이다.

정말 영재의 가능성을 가지고 있는 아이들은 그냥 두어도 주머니 속 송곳이 언젠가는 삐져나오듯이 영재성이 드러나게 되어 있다. 조기 영재교육이 필요 없는 이유다.

'모소 대나무'라는 특이한 대나무가 있다. 중국의 극동 지방에서만 자라는 희귀종인데, 심어두고 4년을 기다려도 겨우 4~5센티미터 정도만 자란다고 한다. 어지간한 인내력이 아니고서는 기다리기가 힘든 시간이다. 1년에 두어 번씩 자라는 작물도 있고, 심은 지 한두 달이면 부쩍 자라는 작물도 태반인데, 굳이 4년씩이나 모소 대나무를 심어두고 기다리는 데는 이유가 있다. 5년째부터는 폭발적인 성장을 이뤄내기 때문이다. 5년째 되는 날부터 하루에 무려 30센티미터씩 자라는데, 6주 정도가 지나면 15미터까지 자란다.

모소 대나무를 심고 기다리는 사람들은 이 사실을 잘 알고 있다. 4년 동안 조금씩 조금씩 자라는 과정을 지켜보면서, 뿌리를 더 든든히 내리고 있는 중이겠지, 조금 더 있으면 엄청나게 자랄 테지 하는 믿음을 가지고 있기 때문에 기다릴 수 있는 것이다. 조급해하지 않고 믿고 기다려주는 이가 있어야 모소 대나무는 제 본성을 완전히 발현시킬 수 있다. 만일 조바심 내던 누군가 싹을 밟아버린다면 결코 클 수 없다.

아이들의 성장을 지켜보는 태도도 이와 같아야 한다. 어느 시기가 될지 모르지만, 얼마나 폭발적인 성장을 이뤄낼지는 모르지만, 우리 아이가 언젠가는 모소 대나무처럼 비약적인 성장을 하기 위해 힘을 모으고 있는 중이라고 믿어야 한다. 부모의 믿음이 아이의 성장속도를 지켜주는 유일한 자양분임을 잊지 말아야 한다.

엄마는 공감의
달인이어야 한다

잠결에 들으니 아이 방에서 사탕 봉지 까는 소리가 보시락거린다. 새벽 두세 시쯤 되었으려나? 모른 척하고 다시 잠을 청한다. 나는 지금 아이에게 화가 난 상태로 잠이 들어있는 중이다.

다시 잠결이다. 엎드려 자고 있는 내 엉덩이에 묵직한 게 얹어진다. 꿈속에서 화장실을 찾아 헤매고 있는 중이었는데, 큰아이가 내 엉덩이 위에 올라앉는 바람에 잠을 깼다.

"엄마 아직도 화났어? 미안해."

아이의 콧소리에 슬며시 화가 풀리면서 입가가 올라간다. 그래도 여전히 나는 화난 상태여야 한다.

"응, 아직 너랑 말하고 싶지 않아."

"아이, 미안해. 안 그러려고 그러는데, 나도 모르게 자꾸……."

251

"엄마 아직도 화나 있다."

"오구오구, 화난 모습도 귀여워라. 우리 엄마 화 많이 났구나?"

큰아이는 계속 몸을 이리 빼고 저리 빼면서 자기를 밀쳐내는 나를 부둥켜안고 혀 짧은 소리를 하고 있다. 이쯤해서 못 이기는 척 져줘야 한다.

큰아이가 요즘 부쩍 아침에 일어나는 걸 힘들어한다. 시험 기간이라 늦게까지 공부를 하다 보면, 깨워달라는 시간에 일어나기란 거의 불가능하다. 두세 시에 잠자리에 들면서 꼭 여섯시에 깨워달라니, 깨워주는 내게는 아주 고역이다. 때로는 일어나지도 못할 시간에 왜 깨워달라고 해서 나까지 잠을 설치게 만드는지 은근히 부아가 나기도 했다.

어제는 일요일이라 늦잠 좀 자라는 마음에 일부러 깨우지 않았다. 그랬더니 아이는 늦게 일어나서 자기가 세운 계획에 차질이 생겼다며 울고불고 난리가 났다.

처음에는 조금 달래주었지만, 달래다 보니 한계가 느껴졌다. 내가 언제까지 받아줘야 하는지, 독이 올라서 폭풍 같은 잔소리를 쏟아내고 말았다. 아이는 아이대로 기분이 상한 채 도서관으로 도망을 가버렸다.

아이가 도서관에 간 후 하루 종일 기분이 좋지 않았다. 아이가 답답하기도 했고, 아이한테 화가 났기도 했고, 아직 어린 고등학생이 매일 전쟁을 치르듯 해야 하는 시스템에 속이 상하기도 했다. 이불을 덮고 누운 채 아이가 돌아와도 내다보지도 않았다.

그런 엄마에게 미안했던지, 아이는 잠을 자지 않고 꼴딱 샜다고 한다. 일어날 자신은 없고, 엄마에게 어떤 식으로든 진정성 있게 사과를 하고 싶은 마음에, 밤을 새워 열심히 공부하고 말간 얼굴로 엄마를 깨워야지 하는 마음이었으리라. 아이의 그 마음이 읽히니 슬그머니 미안해지고 만다. 아직도 한참이나 멀었구나, 엄마 노릇 제대로 하려면……

아이에 대한 사랑은 공감을 불러오지만, 매번 성공할 수는 없다. 교과서에 나오듯, 아이의 마음을 읽어주고, 아이의 입장 뒤에 숨어있는 욕구를 알아보는 일이 쉽다면 아이와의 갈등은 일어나지도 않을 것이다. 부모에게도 아이에게도 각자 양보하기 어려운 입장의 차이가 있다. 이런 이해관계가 얽혀 있는 한, 완전한 공감은 어려울 수밖에 없다. 사랑하지만 잘 안 되는 일도 있다.

엄마들은, 한때는 공감의 달인들이었다. 아이들이 갓난아이였던 시절 말이다. 갓 태어나 말도 못하는 아이는 오로지 울음 하나만으로 모든 것을 이야기한다. 엄마는 아이의 울음소리만 들어도 아이가 배가 고픈지, 날씨가 더운지, 기저귀를 적셨는지, 잠이 오는지 등등 모든 것을 척척 알아차릴 수 있다.

아이만 보면 알 수 있는 당연한 일이었다. 아이의 존재를 온몸으로 받아들이고, 아이의 눈 속에 사심없이 풍덩 빠지고, 아이의 살 냄새에 그 어떤 대가도 없이 얼굴을 묻을 수 있었기 때문이리라.

그러다 어느 순간부터 아이의 마음을 읽는 일이 힘겨워진다. 아이는 이제 말도 하고, 나름의 표현도 할 줄 아는 청소년이 되었는데, 공감을 하는 일은 말 못하는 아기 시절보다 더 어려워졌다. 왜 그럴까?

그건 엄마의 마음속에 아이를 평가하고 판단하는 나름의 기준이 선명하게 생겼고, 아이에 대한 기대욕구가 커졌기 때문이다. 아이를 있는 그대로 받아들이지 못한 채 아이가 지금 어떤 상황에서 어떤 어려움에 처해 있는지 관심을 두기보다는 엄마 내면의 기준과 평가에 아이를 맞추려고 하는 욕심이 있어서다.

아이에 대한 욕심을 내려놓기까지는 말로 표현할 수 없는 갈등과 좌절의 시간을 지나야 한다. 그런다고 어느 순간 완성되는 것도 아니다. 이 어려운 과정을 슬기롭게 헤쳐 나가면서, 천천히 부모가 되어가는 것이다.

한두 번의 공감 실패로 아이와 갈등 상황에 빠지는 것을 두려워할 필요는 없다. 공감해주지 못했다고 자책할 필요도 없다. 부모도 아이도 지금은 각자 자리에서 성장해가고 있는 중이고, 우리는 이런 시간들을 통해 더 나아지고 있으니까 말이다.

뒷모습이 당당한
부모가 되자

성장기 아이를 둔 대부분의 부모들은 자신의 아이가 공부는 물론 인성까지 겸비한 반듯한 인재로 성장하길 바란다. 내용은 조금씩 다를지라도 나름대로 아이의 이상적인 모습을 그려놓고, 그대로 자라도록 가르치는 일이 부모가 해야 할 최선의 역할이라 생각한다. 문제는 아이가 성인이 되어도 여전히 삶에 간섭하고 관여하는 것이다.

아이들은 자란다. 아이들이 자라면 부모의 품을 떠나 각자의 세계로 나아갈 것이고, 부모도 아이로부터 독립해야 한다. 언제까지 아이들의 뒤를 따라다닐 수는 없다. 자기 삶을 주도적으로 살아갈 수 있도록 도와주면, 아이들은 자기 힘으로 살아가게 되어 있다. 그때가 되면, 부모로서 할 수 있는 일은 점점 줄어들게 된다.

그렇다고 부모로서의 역할이 끝난 것일까? 그렇지 않다. 부모는 아이들의 삶에 간섭하는 대신 각자의 삶을 치열하게 살아가는 모습을 보여주어야 한다. 아이들은 부모의 뒷모습을 보고 삶을 배우기 때문이다.

지금 부모가 할 수 있는 최선의 일은 자기 나이에 맞는, 자기 몫의 삶을 열심히 살아내는 것이다. 자기 생을 사랑하고, 치열하게 살아가는 부모의 뒷모습은 아이들에게 살아있는 교육이 된다.

만약 40대의 어느 시기를 건너고 있는 부모가 그 나이 대에 겪을 수 있는 문제를 의연하게 풀어나가고, 어른으로서 보여줄 수 있는 감정의 결을 솔직하게 드러내면서 주변 사람들과 따뜻한 관계를 맺으며 살아가는 모습을 보여주면, 아이는 바람직한 40대의 삶을 배우면서 성장한다. 아이가 40대의 성인이 되었을 때, 부모의 삶이 하나의 모범이 되는 것이다.

남편의 일이 최근 얼마 동안 잘 풀리지 않았다. 토마토를 키우고 있는 남편은 농사를 짓는 일에 정성을 다하는 보기 드문 사람이다. 토마토를 키우는 일에 관해서는 누구보다도 자신이 있는데, 어쩐 일인지 토마토가 잘 자라지 않았다. 여러 원인을 추적하고 연구해봐도 답이 나오지 않아 답답한 날들을 보냈다.

남편이 가져오는 생활비가 한동안 끊겼고, 책임감 강한 남편의 얼굴에는 그늘이 졌다. 생활비야 내가 벌어오는 강사료만으로도 충분하니 걱정할 바가 아니어서 나는 남편을 위로해주고 격려해주는 데 최선을 다했다. 보통 집에 경제적인 문제가 불거지면 부부 간에 갈등이 먼저 생기기 마련인데, 나는 경제적인 문제로 남편과 갈등 상황에 빠지고 싶지 않았다. 누구보다 마음을 다해 자기 일에 정성을 들이는 사람임을 알기 때문에, 그가 겪고 있는 문제에 나의 근심까지 보태고 싶지는 않았다.

힘들수록 더 많이 웃어주기를 기꺼이 선택했고, 어려운 고비를 함께 넘길 때마다 우리 부부의 사랑은 더 깊어졌다. 아이들은 우리가 경제적인 어려움에 빠져 있음을 알아도 불안해하지 않았다. 왜냐하면 아빠와 엄마가 변함없이 사이좋은 모습을 보여주었기 때문이었다. 돌아보면, 어렵던 그 시기들을 참 지혜롭게 잘 지내온 듯해서 자랑스럽기까지 하다.

사람마다 살면서 수많은 일을 겪지만, 각 세대가 겪는 인생의 문제들이 그렇게 다르지는 않을 것이다. 지금 40대가 겪는 삶의 문제나 아이들이 40대에 겪을 삶의 문제는 비슷하게 겹칠 수 있다. 경제적인 위기라면 어느 시기, 어느 세대에서나 공통적으로 겪을 문제일 것이다. 우리 아이가 40대에 이르러 뜻하지 않은 경제적인 위기에 휘청거릴 때, 아이들은 우리 부부가 보낸 40대의 경제적인 위기를 기억해낼 것이다.

아, 우리 부모님께서는 경제적으로 아무리 어렵고 힘드셔도 더 사랑하셨고, 지혜롭게 이겨내셨었지. 더 많이 웃어주어서 우리가 불안하지 않았었지, 할 것이다. 그리고 닮으려 할 것이다. 부모님이 자신과 같은 40대였을 때 어떤 뒷모습을 보여줬는지, 삶의 위기에 얼마나 의연하게 대처해왔는지를 기억하며 힘을 낼 것이다.

그러니 지금 부모들은 자식을 위한 일에 에너지를 쓰기보다, 자기 몫으로 주어진 자신의 삶을 정말 잘 살아내는 것이 무엇보다 중요하다. 제 일이 뜻대로 풀리지 않을 때 조급해하거나 화를 내는 대신 이성적으로 차분하게 해결해나가는 모습을 보여주면 어떨까. 이 과정에서 아이들은 삶의 문제를 해결해나가는 방법을 배우게 된다.

부모의 역할 중에서 가장 중요한 것은 자기 몫으로 주어진 삶을 치열하게 살아내는 일이다.

부모는 자신의 삶을 살아가면서 겪는 '한 인간으로서의 고뇌'를 아이들과 나누는 일에 주저하지 않아야 한다. 부모 또한 많은 불안과 걱정에 흔들리기도 하는 존재이며, 때론 감당하지 못할 슬픔에 힘겨워한다는 것을 아이들에게 솔직하게 드러내는 것이 좋다.

그러면서 얼마나 슬기롭게 그 감정들을 해결해 나가는지, 얼마나 건강하게 위기에서 벗어나는지 그 현장을 아이들에게 그대로 보여주는 것이 살아있는 교육이다. 삶의 교훈을 훈육의 방법으로 가르쳐주는 것이 아니라, 그저 삶의 현장을 보여줌으로써 전달하는 것이다.

지금 현재 아이가 가지고 있는 어떤 모습 때문에 힘겨운 시간을 보내고 있는가? 못마땅한 아이를 어떻게든 바꿔보려고 매일 갈등 상황을 만들고 있는가? 갈등의 한가운데서 강압적으로 아이를 훈육하고 있는가? 지금 부모의 대응은 훗날의 아이에게도 그대로 전달이 된다. 그 아이가 자라 어른이 되고 자식을 키우면서 같은 상황에 직면했을 때, 지금 부모가 보인

모습을 그대로 되풀이한다고 생각해보라.

"딱 너 같은 놈 낳아서 키워봐라" 하는 말을, 나중에 내 아이가 똑같이 한다고 생각해보라.

지금, 당신의 뒷모습이 어떤지 성찰해야 할 아주 중요한 이유다.

1등을 위한 경쟁에서
벗어나다

'펜 페이스'(Penn Face). 슬픈 단어다. 미국 대학생들의 자살이 늘고 있다는 신문기사 속에 있던 용어다. 언어는 시대의 아픔을 담는 그릇이다. 기존에 없었던 새로운 문화가 등장하면, 거기에 맞는 새로운 언어가 자연스럽게 담론화되고, 그런 담론은 사회의 문제를 정확하게 반영하는 법이다.

최근 13개월 동안 미국 펜실베이니아 대학교에서 여섯 명의 학생이 스스로 목숨을 끊었다고 한다. 그들의 자살 이유로 꼽히는 것이 바로 '펜 페이스'다. 펜 페이스란 '속으로는 너무 힘들지만 겉으로는 아무렇지도 않은 척 가면을 쓰고 살아가는 태도'를 말한다.

'미국 명문대생'이라는 존재는 우리나라 학부모에게 있어 가장 성공적인 지표이다. 공부만 잘하는 것이 아니라 자유로워 보이기까지 하는 그들의 모습은 스스로 결정하는 삶의 태도와 다양한 재능까지 갖춘 이상적인 모델이다.

펜 페이스 혹은 오리 신드롬

스탠퍼드 대학에서는 이런 엄친아들이 '오리 신드롬'(Duck Syndrome) 을 앓고 있다고 표현한다. 오리 신드롬이란 좋은 성적을 받기 위해 막대한 노력을 하지만, 그런 모습을 남에게 숨기는 명문대생의 모습을 빗댄 신조 어다. 물 위에서 볼 때는 차분한 모습이지만, 물 아래에서는 발버둥을 치 고 있는 오리의 모습에서 따온 것이다.

펜 페이스든 오리 신드롬이든 말하고 있는 본질은 같다. 유능하고 완 벽해야 한다는 사회적 기대에 부응하느라, 힘들어도 슬퍼도 내색할 수 없 는 명문대생들. 그들이라고 좌절이 없겠으며, 두려움이 없겠는가? 그들 또 한 사소한 일에 상처받고, 무수한 실패 앞에서 두려워하고, 관계들 속에서 헤매는 젊은 친구들일 텐데, 어릴 때부터 똑똑하고 재능이 있다는 이유 로 무엇이든 잘해야 하는 사람이라는 기대에 너무 익숙해져버린 것이다.

아이들 앞에 놓여있는 수많은 위험들을 알아서 치워주는 이른바 미국 의 '잔디깎기 부모'들이 얼마나 많은 부담을 주었을지, 보지 않아도 알 수 있다. 우리들 또한 같은 실수를 매일 저지르고 사는 같은 시대의 부모이 기 때문이다.

미국의 부모들도 '너는 이만큼 잘하니 저만큼 더 잘해야 하고, 그저 내 가 깎아주는 잔디밭 위를 곱게 걸어만 가거라' 하는 마음으로 아이들에게 물어보지도 않고 이런저런 길을 제시해주었을 것이다. 그런 강요된 선택이 사랑이 아니라 폭력일 수도 있다는 것은 꿈에도 생각하지 못한 채 말이 다. 이런 사회적인 압박감에 더해져, 고도로 발달한 SNS는 끊임없는 비교에 시달리게 하고 한없이 자신을 초라하게 여기게끔 부추긴다.

물에 빠지지 않기 위해 죽어라 발길질을 하면서 '펜 페이스'라는 가면을 쓴 채 속울음을 삼키고 있는데, SNS 속의 다른 청춘들은 어쩌면 그렇게도 화려하고 대단해 보이는지, 볼수록 자신이 더욱더 초라하고 비참해진다. SNS 속의 화려한 청춘들 역시 같은 발길질을 하면서 사는 동시대의 청춘일 뿐인데, 서로가 서로를 비교의 눈으로 바라보면서 자책하고 있다.

도대체 어디서부터 어떻게 다시 시작해야 하는 것일까? 무엇을 성찰해야 하며, 무엇을 변화시켜 나가야 할 것인가?

거대한 구조를 바꾸는 것은 너무 벅찬 일이다. 시작하기도 전에 힘이 빠진다. 그러니 작게 시작해보자. 각자 선 자리에서 아주 작은 실천부터 해보는 거다.

부모라면, 이제 그만 성적 경쟁에서 우리 아이들을 꺼내오자. 아무리 공부를 잘한다 한들 자신의 아이가 저렇게 속울음을 삼키며 오리 발길질을 하면서 살기를 바라지는 않을 것 아닌가? 정말 중요한 것이 무엇인지 다시 한 번 질문을 모아보도록 하자. 정말 명문대가 중요한지, 사회적 성공이 중요한지, 사람들의 주목이 중요한지, 그런 자리에 내 아이가 행복하게 서 있을 수 있을지 질문을 시작하자.

모든 변화는 새로운 눈으로 던지는 질문에서 시작되는 법이다. 질문을 던진다는 것은 지금 체제에 의문을 가지기 시작했다는 의미이고, 의문을 가졌다는 것은 변화를 원한다는 말의 다른 표현인 것이다. 내 아이가 어떻게 사는 모습을 보는 것이 좋은지, 아이가 어떤 삶을 살 때 행복할 수 있을지 새로운 담론을 써 나가도록 하자. 부모가 먼저 나서줘야 한다.

젊은이라면, 자기 평가의 기준을 이제 더 이상 밖에 두지 말자. 1등은 어디서든 새롭게 등장한다.

나보다 잘나고, 나보다 멋있고, 나보다 성공한 사람은 저 하늘의 별들만큼이나 많다. 그 속에서 나만 돋보이려면 더 밝게 빛나도록 평생 노력해야 한다.

그런데 생각해보라. 수많은 별들 중에서 눈에 띄는 것이 더욱 환한 빛을 내는 것밖에 없는가? 그렇지 않다. 아예 별빛의 색깔을 바꾸는 방법도 있다. 노랑, 빨강, 파랑 별빛 등 남들과 다른 나만의 빛을 찾아보자. 나를 평가하는 사람은 오로지 '나'뿐이다. 다른 누구와의 비교를 통해 내가 누구인지 규정하지 말자.

나는 그냥 나다. 옆에서 앞에서 아무리 화려하게 빛나는 사람이 있다해도 그것은 그냥 그 사람의 삶이지 나와 아무 상관이 없다. 나는 나 자체로 빛날 수 있다는 것을 모두가 자기 자리에서 선언하고 실천하는 일, 이것은 어쩌면 그리 어려운 일이 아닐지 모른다.

한 사람씩 선언하고 실천하는 이가 늘어나면 거대한 경쟁의 구조에도 조금씩 균열이 생기지 않겠는가? 희망을 품어보자.

사춘기는 부모가 변해야
하는 시기다

―

"어제, 애랑 한바탕 난리가 났어. 낼 모레가 시험인데 애가 어쩜 그렇게 천하태평이니? 너는 시험 걱정도 안 되냐고 한소리 했더니 입이 댓발이나 나와서 제 방에 들어가는데, 미치는 줄 알았어."

"사춘기라서 그래."

"그래도 너희 집 애가 낫다. 우리 애는 친구들이랑 피시방 간다고 문자만 덜렁 보내고 들어올 생각을 안 하는 거야. 내가 동네 피시방 다 뒤져서 끌고 왔잖아."

"사춘기라서 그래."

"우리 애는 집에서 말을 한 마디도 안 해. 만날 카톡이나 하고, 속이 터져서 환장할 것 같아."

"사춘기라서 그래."

조금 과장하긴 했지만, 중고등학생을 둔 부모라면 이런 대화 한 번쯤은 다 해보았을 거라고 짐작된다. 초등학교까지는 그래도 고분고분 말을 잘 듣던 아이들이 중학생이 되면서 조금씩 변화를 보이기 시작한다. 어느 집 아이는 친구들과 어울려 노느라 늦게 들어오는 것으로 속을 썩이고, 다른 집 아이는 스마트폰을 너무 오래 가지고 있느라 공부를 안 하는 것으로 애를 태운다. 이웃집 아이는 자주 말대꾸를 해서 부모와 큰소리로 싸우는 일이 많고, 또 다른 이웃의 아이는 자기 방에 틀어박혀 나올 생각을 안 해서 부모의 애간장을 녹인다. 집집마다 양상은 달라도, 모두들 아이가 사춘기여서 그렇다고 진단을 내린다.

아이들이 사춘기에 접어들어 여러 가지 증상을 보이면 부모들은 당황하기 시작한다. 말 잘 듣던 착한 아이가 어느 날 갑자기 낯선 청소년처럼 행동하고, 곧잘 하던 공부도 하지 않고 성적은 시험을 볼 때마다 떨어진다. 부모는 불안한 마음에 휩싸여 아이를 닦달하고, 날마다 잔소리를 하게 된다. 이런 일들이 매일 반복되면서 아이와의 갈등은 더 깊어진다.

부모들은 사춘기 아이들을 어떻게든 잘 달래서 공부를 하게 해야 한다는 욕심에 나-전달법도 배우고, 비폭력대화법도 배우고, 감정 코칭도 배워보지만 실생활에 적용하기가 너무 힘들다. 교육을 받을 때는 잘할 수 있을 것 같은데, 막상 아이와의 갈등 상황에 처하면 화부터 올라오고 감정조절이 안 되는 경우가 더 많다. 사춘기라서 그러려니, 지랄도 총량이 있다니까 시간이 지나면 괜찮아지겠지 하고 위안을 해보지만, 아이들과 보내는 하루하루가 전쟁 같기만 하다.

부모의 입장에서 아이들의 사춘기는 조용하게 지나가기를 기도해야 할 일이 아니라 교육의 목표나 방향을 새롭게 점검할 시점이다. 사춘기를 호르몬의 영향만으로 진단하고 치부할 것이 아니라, 아이가 자기 목소리를 찾아 성장해가고 있는 과정으로 볼 필요가 있다. 그동안 부모의 말을 잘 듣느라 속으로 쌓아두기만 했던 욕구불만이나 부모의 감시와 통제로 상처받았던 마음들이 다양한 증상으로 드러나는 시기가 바로 사춘기이다.

아이들은 아무 생각 없이, 호르몬 때문에 반항하고 어긋나는 것이 아니다. 아이는 지금 자기 자신으로 바로 서기 위한 전환점을 돌고 있는 중이다. 그 모습이 부모가 원하는 모습과 다를 뿐이고, 부모의 욕구와 아이의 욕구가 다른 데서 오는 갈등일 뿐이다.

아이가 사춘기의 시기를 독하게 거치고 있다면, 부모는 자신의 욕심이 아이를 지나치게 통제하고 있지 않는지 성찰해야 한다. 아이와의 관계 맺음에 문제가 없었는지, 아이의 욕구를 무시해오지 않았는지 되돌아보고, 이제라도 아이와 새로운 관계를 맺어갈 준비를 해야 한다.

그러기 위해서는 가장 먼저 아이를 독립적인 인격체로 존중하는 것에서 시작해야 한다. 공부 잘하는 아이로 만들기 위해 강압적일 수밖에 없었던 교육 방식을 철저하게 반성하고, 아이의 삶은 부모의 뜻대로 만들어지지 않음을 인정해야 한다.

아이의 사춘기는 부모가 가지고 있는 욕심과 아집을 내려놓고, 아이에 대한 사랑을 회복해야 할 마지막 시기이다. 잔소리를 하는 것으로는 아이의 행동을 고칠 수 없다. 시간이 지난다고 사춘기의 문제들이 저절로 해결되는 것도 아니다.

아이들의 사춘기는 부모들이 사랑으로 연결되어야 하는 아주 중요한 시기다. 아이의 있는 그대로의 모습을 존중해주고, 온전히 사랑해줄 수 있어야 아이가 사춘기를 잘 지나게 된다. 사춘기는 고쳐야 할 병이 아니라 사랑을 주어야 하는 시기일 뿐이다. 사랑을 주기 딱 좋은 시기다.

인성교육, 삶으로
보여주다

아이들 교육을 위해 여러 학교를 간다. 주로 '성폭력예방교육'이나 '학교 폭력예방교육'이다. 그런데, 교실에서 만나는 아이들은 외부 강사에 관심이 없다. 교실에 들어가도 인사할 줄도 모르고, 수업시간에 하는 일이라고는 엎드려 자기, 스마트폰 하기, 화장하기, 장난치기가 전부다. 질문을 해도 시큰둥하다. '서로 존중하며 배려하는 삶'이 얼마나 중요한지 이야기하는 내 입이 부끄러울 정도다.

학교 폭력의 실제 사례에도 별다른 공감 반응을 보이지 않고, 성폭력 피해자의 아픔을 들려줘도 그저 딴청이다. 내가 앞에 있어도 욕설을 거침없이 뱉고, 만사가 귀찮다는 얼굴을 드러내기 일쑤다. 그런 교실에 두어 번만 들어갔다 나오면 저절로 '요즘 아이들은……' 하는 소리가 새어 나온다.

정말 요즘 아이들의 인성은 걱정할 수준이다.

2015년 7월 21일, '인성교육진흥법'이 '시행되었다고' 한다. 마치 남의 나라 이야기 전하듯 쓰는 데에는 나름의 유감이 있어서다. 인성교육이 절실하게 필요하다는 사회적인 공감대에는 당연히 내 마음도 보탠다. 학생들에게 인성교육을 시키겠다는 의지도 충분히 알겠고, 법으로 만들어두면 없을 때보다는 낫겠지 하는 생각도 든다.

우리나라 교육제도가 워낙 경쟁 중심, 성적 중심이다 보니 일선 학교에서 아이들의 인성 하나까지 다 챙기는 게 쉬운 일이 아니다. 또한 인터넷과 스마트폰이 지배하는 세상에 아이들은 폭력적으로 노출되어 있고, 경쟁에 지친 아이들은 자신보다 약한 아이를 찾아 폭력을 행사하는 악순환이 이어지고 있다. 이러니 인성 교육의 필요성은 더욱 크다. 백 번 이해하고 말고다.

'의무교육'으로는 길러질 수 없는 인성

아이들에게 정말 필요한 것은 수학 성적을 올리는 게 아니라 친구를 배려하고, 함께 사는 사회를 위한 공동체 의식을 배우는 것이다. 나 또한 평소에 목소리 높여서 말하는 부분이다.

그런데 인성교육진흥법에서 인성교육의 범위라고 정해둔 항목들을 보니 예, 효, 정직, 책임, 존중, 배려, 소통, 협동 등이다. 과연 이런 덕목들이 인성교육진흥법에서 정한 시간 동안 의무적으로 시행되는 교육으로 길러질 수 있을까? 물론 안 하는 것보다야 백 번 낫겠지만, 일선학교에서 폭력 예방 관련 교육을 하고 있는 강사의 입장에서 보면 하나마나 한 수업이 될 것이라는 의심을 지울 수가 없다. 교육 예산이 얼마나 될지 알수 없지만 아마도 많지는 않을 것이다. 그런 예산으로 외부 강사를 불러인성교육을 시키는 것은 거의 효과가 없을 것이라는 데 많은 이들이 공감할 것이다.

예, 효, 정직, 책임, 존중, 배려, 소통, 협동……. 모두 소중한 품성들이고함께 사는 공동체를 위해 꼭 갖춰야만 하는 것들이다. 하지만 단 몇 시간의 프로그램으로 익힐 수 있는 품성이라면, 우리 모두는 진작 인성이 바른사람으로 자라 있을 것이다. 그렇게 간단한 일을 안 할 리가 없다.

인성교육은 인성이 훌륭한 선생님과 부모님이 일상에서 아이들에게 본을 보이는 것으로 이루어져야 한다. 가르쳐야 하는 것이 아니라 보여주는것이어야 한다.

정직이 무엇인지 말하기 전에 정직한 행동을 하는 어른의 모습을 아이들이 어렸을 때부터 가까이서 보고 겪으면서 자연스럽게 몸에 익혀가야만 그것이 곧 품성이 되고 인격이 되는 것이다. 정직을 문자로 배우면, 지식이 될지언정 지혜가 되지는 않는 법이다.

인성교육은 지식으로 가르치는 것이 아니라 삶으로 보여주는 것이기에,인성교육진흥법에서 정한 의무교육으로서의 인성교육에 우려를 하지 않을 수가 없는 것이다. 인성교육진흥법이 제정되었다는 것은 인성교육에 대한 사회적 공감대가 이뤄졌다는 의미에서는 물론 긍정적이다. 다만 법률로서 학교에만 일임할 것이 아니라, 우리 사회의 어른들이 모두 인성에 대해서, 인간의 품격에 대해서 성찰하는 사회분위기를 만들어가는 것이 중

요하다. 앞에서 말했듯이 인성교육은 삶으로 본을 보이는 것이므로, 어른
들의 성찰과 실천만이 완성시킬 수 있기 때문이다.

아이를 키우는 부모든, 가르치는 교사든, 이웃의 어른이든, 우리 사회의
건강성을 염려한다면 인성에 대한 성찰과 실천을 고민해가야 한다.

신자유주의 시대의 새로운 생존법,
사랑을 선택하다

둘째아이와 함께 영화 《사도》를 보고 왔다. 사도가 뒤주에 갇힌 채 죽어 갈 때, 아이는 울음을 그치지 못한 채 꺼이꺼이 하염없이 울었다. 모든 순간에 임금일 수밖에 없었던 영조와, 단 한 순간만이라도 아들이고자 했던 사도세자의 마지막 대화 장면에서는 내 가슴도 먹먹했다.

"내가 원한 것은 아버지의 따뜻한 말 한마디였소."

어릴 때부터 영특하여 특별한 기대를 품었던 아들이 공부에 뜻을 두지 않고 있을 때 느껴지는 절망과 분노는, 사실 부모라면 누구라도 경험해보 았음직한 감정이다. 영조가 아들을 보며 혀를 찰 때, 지금 이 시대 부모들 도 함께 혀를 찼으리라.

어느 시대건 부모가 자식에게 거는 기대와 욕망은 비슷하다. 문제는 부 모의 기대와 욕망이 아이를 아프게 할 수 있다는 것이다. 빨리 알아차리 면 다행이지만 우리 사회는 부추기면 부추겼지 부모로서 자기 성찰에 이르지 못하도록 오히려 불안을 조장한다. 이처럼 불안에 잠식당한 채 아이를 닦달하면, 아이는 죽을 수도 있다.

아이들이 아프고 지쳐 있다. 존재를 증명하기 위해 혹은 경쟁에서 이기기 위해 날마다 전쟁 중이고, 이긴 자도 진 자도 상처투성이다. 강한 자만이 살아남는 구조 속에서 아이는 어릴 때부터 경쟁을 내면화한 투사로 길러지고, 어른은 살아남기 위해 잠을 줄이고, 가족과의 행복한 시간을 뒤로 유예시킨다. 모두들 자기 계발에 바쁘고, 여유가 생기면 불안에 빠져 조급해진다. 저녁이 있는 삶은 없어진 지 오래고, 사랑의 온기를 나누는 일이 낯설어진 지 오래다. 신자유주의라는 사회의 존재양식은 사람의 삶을 경쟁으로 최적화시켰다.

승자의 자리는 한정되어 있다

신자유주의 체제에 완전하게 순응해서 사는 이들도 있지만, '저항'을 선택해 살아가는 사람들도 분명히 있다. 사회구조의 변화를 위한 운동을 하는 이도 있고, 정치에 관심을 가져서 변화를 도모해내는 이도 있고, 소수자와 사회적 약자들의 편에 서서 그들의 이야기를 전해주는 이도 있다. 남들 다 타고 가는 '시류'라는 배에서 과감하게 내려, 자기만의 길을 걸어가는 아름다운 사람도 있다. 다양한 삶의 방식이 있어야, 사회에 생기가 돈다.

남동생 부부는 지리산에 집을 짓고, 농사를 지으며 아들 둘을 낳아 키우고 있다. 텃밭에 감자를 키우는데, 초보 농사꾼이라 수확이 딱 먹을 만큼만 나온다. 수입이라고는 아들 둘 앞으로 나오는 정부 지원금이 전부다. 하지만 돈이 없어도 그들 얼굴에는 웃음꽃이 가득하다. 스스로 선택한 삶의 방식이기에 당당하다. 사회 속에서 경쟁하며 사는 삶에 지쳐본 경험이 있기에, 그들은 지금의 삶을 충분히 즐기고 있다. 누구보다 행복해 보인다.

하지만 남동생 부부의 삶은 우리 사회에서는 특별한 경우에 속한다. 용감하지 않고서는 선택하기 어려운 삶의 모습이기도 하다.

신자유주의는 사회구성원들이 끊임없이 경쟁하면서 살기를 부추기면서 다른 형태의 삶을 고민하지 못하도록 한다. 새로운 욕망을 부여하고, 그 욕망에 기꺼이 시간과 노력을 쏟게 만든다. 승자의 자리는 한정되어 있기 때문에 경쟁이 불가피하다. 옆에 있는 친구나 동료도, 사랑을 나누는 존재가 아니라 경쟁을 통해 승부를 가려야 할 경쟁상대다. 그들과의 경쟁에서 승리해 그들의 부러움 속에서 나 혼자 왕관을 쓰는 것, 이것이 자기계발이라는 미명하에 우리가 날마다 하고 있는 일들이다.

이제는 다른 가치를 추구하면 어떨까? 아프고 힘든 사람들이 모여서 대안을 모색해보면 어떨까? 이상적인 이야기일 수도 있지만, 우리들 모두 경쟁을 하지 않기로 선언을 하는 것이다. 나 혼자 승자의 왕관을 쓰는 것이 아니라 함께 손잡고 가는 행복의 길을 선택하는 것이다.

경쟁이 곧 삶의 원리인 신자유주의 사회 속에서 서로를 사랑하며 함께 살겠다고 선택하는 것, 이것은 어쩌면 사회구조를 변화시키는 것보다 더 멋진 일이 될 수도 있다.

어렵게 생각할 일이 아니다. 내가 선 자리에서 나부터 시작하면 된다. 제대로 된 사랑을 나누는 거다. 자식에 대한 사랑도 새롭게 구성하고, 친구와 이웃 간의 사랑도 시작하는 거다.

아이의 성적이나 대학의 간판으로 자녀 교육의 성공을 따지지 말고, 아이가 지금 어떤 행복을 느끼고 있는지를 성공의 기준으로 보는 거다. 학원 보내는 시간을 조금 줄이고 함께 여유로운 산책을 하는 것, 아이와 조금 더 웃고 조금 더 많이 안고 뒹구는 것, 그리하여 집이라는 공간이 세상에서 제일 편한 공간이 되게 만드는 것, 학교에서 아이들끼리 나누는 우정에 가슴이 뛰도록 하는 것, 회사에서 꿈을 키우고 동료와 함께 같은 길을 걷는 행복을 느끼는 것이 바로 사랑을 나누는 일이 된다.

힘든 결정이나 도전에 직면할 때마다 어머니는 단 하나를 선택하셨다. "나아지는 것 그리고 계속 사랑하는 것" 이것이 어머니의 선택이었다.

_맷 매컬레스터 《내가 엄마의 부엌에서 배운 것들》 중에서

세상에는 아름다운 교육서가 많다. 실패를 두려워하지 않는 아이로 키우는 방법, 인성이 바른 아이로 자라게 하는 방법, 미래의 리더로 살아가게 하는 방법, 훌륭한 인재를 키우기 위한 온갖 비법들이 다 들어있다. 교육서대로만 키우면, 세상에는 100퍼센트 완벽한 사람들만 존재한다. 거짓말이 아니다. 이론의 수준에서는 맞는 말이다.

전문가로서 교육의 이상적인 이론은 누구라도 말할 수 있지만, 부모로서 그 이론을 현실의 공간에서 실현시키기는 어렵다. 아이들은 부모의 의도와는 상관없이, 아이는 자기 본성대로 자란다. 시기마다 다르게 피는 꽃들, 향기와 모양이 다른 꽃들이 모두 저마다의 아름다움을 드러내듯이 본성대로 자라는 우리 아이들은 모두 그 자체로 귀한 존재들이다.

사회의 기준과 욕망의 잣대로 아이들의 삶을 평가해서는 안 된다. 아이

들의 삶을 부모의 욕망대로 직조해나가는 대신 부모로서 반드시 해야 할 일이 두 가지가 있다.

첫째, 부모로서 자신의 존재를 치열하게 사랑하고 성장을 향해 늘 노력하는 것이다. 자신의 삶은 서랍에 넣어둔 채 자식을 위해 희생하며 부모 역할에만 충실한 것은 자신에게도 아이들에게도 불행한 일이다.

치열하게 사는 사람의 삶이 얼마나 아름다운지 보여주는 것, 아이들로 하여금 부모님처럼 살겠다는 생각을 품을 수 있게 미래를 열어주는 것, 부모가 해야 할 가장 중요한 일이다.

둘째, 아이를 사랑하는 일이다. 부모는 모든 자식을 사랑한다고 말하지만 아이들은 사랑을 받는다고 느끼지 않는다. 부모의 방식대로만 자식을 사랑하기 때문이다. 아이를 사랑한다는 것은 아이의 존재를 그 자체로 귀하게 여기는 마음이고, 아이와 함께하는 시간에 정성을 들이는 태도이다. 아이의 온몸을 우주처럼 안아주고, 아이의 지혜에 감탄하며, 아이의 미래를 설레는 마음으로 기다려주는 것이다.

충분히 사랑을 받은 아이는 세상을 살아갈 힘을 얻고 스스로 자란다. 사랑이 고루 퍼지면 아이는 성장을 향해 나아간다. 사랑하는 부모와 아이의 삶은 연결되어 있다. 사랑하는 모든 것들은 연결되어 있으므로, 강하고 아름답다.

2015년 12월. 어느 겨울보다 따뜻하기를 바라며 김 항 심

감사의 말

나의 삶에 친절하게 찾아왔던 책들에게 제일 먼저 고마운 인사를 건네고 싶습니다. 책은 삶을 다르게 살아갈 수 있는 용기를 주었고, 삶을 낙관할 수 있는 믿음을 주었습니다. 가슴 떨리게 아름다운 문장들로 희열을 느끼게 해주었고, 위로가 필요할 때 다정하게 안아주었습니다.

책은 강사로서의 말과 엄마로서의 행동에 권위를 부여해줄 뿐만 아니라 늘 다른 꿈을 꾸도록 자극해주는 내 인생 최고의 친구입니다. 책이 한결같이 말해준 진실은 자기 안의 사랑이 시키는 대로 '현재'를 살면 영혼이 살아있는 삶을 살 수 있다는 것이었습니다. 생의 고비마다, 삶의 길목마다 기적처럼 내 곁에 와준 책들에게 이 자리를 빌려 고마움을 전합니다.

고마움을 전하고 싶은 사람이 많습니다.

바람으로 햇빛으로 나를 감싸주고 계실 나의 아버지, 곁에 계셨으면 얼마나 기뻐하실까 상상하는 것만으로도 가슴이 벅찹니다. 나에게 주었던 무한의 사랑과 믿음은 가장 든든한 내 삶의 배경입니다. 마음 가득 사랑을 담아 아버지가 계신 하늘재로 곧 가겠습니다.

속살 보드라운, 세상에서 제일 예쁜 우리 엄마, 나만은 알고 있지요. 엄마가 나를 얼마나 사랑하고 있는지. 한 번도 못해본 말. 엄마 사랑해.

지혜로웠던 어머니, 지금도 하늘에서 우리 가족을 지켜주시는 것, 날마다 느낍니다. 내 일에 가장 큰 박수를 쳐주시는 아버님, 늘 감사합니다. 나의 영원한 솔 메이트 남편, 나의 모든 것을 무조건 사랑하고 지지해줘서, 여전한 설렘으로 곁을 지켜줘서 고맙습니다. 사랑합니다.

내 삶이자 내 몸 자체인 태은이와 태윤이. 무엇으로도 표현할 수 없지, 너희들을 향한 엄마의 사랑은. 엄마로 살게 해줘서 정말 고맙다.

내 인생에 홀연하게 나타나 새로운 길을 활짝 열어 보여주시고, 내 안의 가능성을 가장 크게 읽어주신 정예서 선생님, 큰 마음으로 감사의 인사 전합니다. 받아주세요.

내 글에서 진심을 보아주신 '내일을 여는 책'의 개구쟁이 김완중 대표님, 책을 낼 수 있게 길 내어주셔서 고맙습니다. 무슨 인연일까 날마다 감탄하고 있습니다. 부끄러운 글에 자신감을 가질 수 있게 늘 따뜻하게 보아주셨던 이헌건 편집장님, 섬진강변 길가의 가을을 기억하고 살겠습니다. 고맙습니다. 내일을 여는 책의 또 다른 저자이신 김재형 선생님, 윤일호 선생님과의 소중한 인연 잘 지키겠습니다.

엄마 노릇 강건하게 할 수 있게 버팀목이 되었던 '잠수네 커가는 아이들'의 소중한 인연들에도 고마운 인사 남깁니다. 나의 사회적 친정, 어떤 모습으로 찾아가도 그대로 반겨주는 '광주여성민우회'의 식구들 날다, 몽실,

마중, 봄봄, 캔들, 도담, 별님, 아무, 자유, 광주의 당찬 시의원 전진숙 언니에게 영원한 우정을 맹세합니다.

프로페셔널한 강사 세계의 문을 활짝 열어 나를 맞아준 강사계의 여신 '사람숲컨설팅' 양지현 대표, 술친구·산친구로 늘 곁을 지켜줘서 고맙습니다. 강사계의 기 센 언니들의 선봉 이정화, 박선영, 박지애, 김가현, 김민진, 김수미…… 우리 화끈하게 잘살자고 다짐하자고요. 함께 성장하는 기쁨을 크게 알고 있는 '함께성장연구원'의 내 친구 연구원들 양평이, 금잔디, 마담호호, 초록별, 청포로우님, 디오니소스, 나무날다, 할리눈떠, 도유, 왕방긋, 나비…… 글 쓰는 동안 보여주었던 님들의 격려 덕분에 지치지 않고 여기까지 올 수 있었습니다. 모두에게 고마운 마음 전합니다.

단 한 번의 실망도 품은 적 없는 완벽한 친구 명순 언니, 심란할 때마다 함께 술 마셔준 동네 친구 상희 언니에게 뜨거운 동지애를 보냅니다. 이쁜 친구 혜정이, 네가 유일한 내 동갑 친구다. 알지? 새침하고도 다정한 내 언니, 김선주. 그 곁을 따뜻하게 지키는 형부. 늘 응원해주셔서 감사합니다. 나의 영원한 어린 동생 의현아, 이쁜 두 딸의 아빠로 사는 모습, 대견하다. 지리산에서 행복한 내 동생 지현아, 넌 그 자체로 아름답다. 우리 집 막내 며느리 역할을 똑 소리나게 하는 서방님, 늘 고맙습니다.

사랑하는 모든 것은 연결되어 있어 우리는 강할 수밖에 없습니다. 그대들에게 사랑을 전하며 김항심 드립니다.